W0089341

DER MANN IST SOZIAL UND SEXUELL EIN IDIOT. Er organisiert menschliches Leben in einer Gesellschaftsform, in der nur er zu bestimmen hat. Alles ist von ihm für ihn eingerichtet. Der Mann interessiert sich in dieser Gesellschaft ernsthaft nur für den Mann.

Männer erfinden Waschmittel und Bomben, machen Gesetze und Fernsehserien, führen Lokomotiven und Kriege, stehen Gerichten vor und Kirchen, haben Frauen und die Macht.

Kein Wunder, daß unsere Welt bis in die feinsten Verästelungen eine technologische, vom manomanischen und instrumentellen Männerverhalten geprägte Welt ist.

Die Expansion der Frauenbewegung mit ihren Unabhängigkeits- und Autonomieerklärungen veranlaßt endlich viele Männer, anstatt Menschheitsfragen zu stellen und zu beantworten, über Männer nachzudenken.

Nun zeigt sich aber, wie schwer dieser Prozeß in Gang zu setzen ist. – Gepanzerte Ritter und Einsiedlerkrebse sind es gewohnt, in fremde Weichteile zu stechen, um nicht von panischer Angst ergriffen zu werden, sobald ihre eigenen weichen Seiten erkennbar werden.

Männer scheinen bis heute große Schwierigkeiten zu haben, ihre eigenen Gefühle und Emotionen auszusprechen. Folge dieser Unfähigkeit ist, daß das Seelenleben des Mannes weitgehend unbekannt ist. Der Mann ist in diesem Bereich unterentwickelt.

Solange der Mann sich nur nach außen wendet, in vermeintlicher Objektivität und Sachlichkeit aufgeht, bleiben ihm aber wesentliche Teile seiner Person verborgen. Dabei wirken in ihm unbekannte Wünsche und verborgene Phantasien handlungsleitend und bestimmen damit die entscheidenden Voraussetzungen seines Handelns und Fühlens.

In der Reihe MANN innerhalb des rororo-Sachbuchprogrammes werden Autorinnen und Autoren veröffentlicht, deren Arbeiten eine Atmosphäre erzeugen, die Männer ermuntert, sich stärker mit den eigenen Gefühlen zu befassen.

Es wird Autoren geben, die ihr Innenleben offenbaren und mit den Mitteln des persönlichen Bekenntnisses Männer bewegen wollen, ihre Erfahrungen mit denen der Autoren zu vergleichen. Andere werden zu beweisen versuchen, daß mit nur geringen Veränderungen alles beim alten bleiben kann. Und es wird Autoren geben, die als einzige Rettung vor der Männergesellschaft «Patriarchat» den «Untergang des Mannes» fordern.

In der Reihe werden Sachbücher, Lesebücher zu Schwerpunktthemen, Romane und Bildbände erscheinen.

Zu diesem Buch

«Paradies» bedeutete früher: Leben nach dem Tode, Festlegung von einem ewigen Zusammen-Sein mit Gott – dem Vater. Die gesellschaftlich herrschenden Väter malten den Menschen Paradies als absolute Seligkeit aus, die vom Leben auf der Erde ablenken sollte. Irgendwo oben würden die Menschen froh und dauerhaft schweben. Die wichtigsten Merkmale dieses Zustandes: Sein ohne Körper, ohne geschlechtliches Leben und ohne Verbindung zum Boden.

Gegenwärtig versucht das Patriarchat, solche menschenfremden Zustände auf der Erde einzurichten. Die Menschen verlieren ihre sexuellen Fähigkeiten und ihren Bezug zur Umwelt. Bei genauer Betrachtung erweist sich dieses Paradies als Hölle. Anstatt ewiges Leben einzurichten, macht sich die Vätergesellschaft daran, den ewigen Tod einzuleiten.

Sie betreibt das Höllenprogramm mit ganz konkreten Mitteln.

Das «Paradies der Väter» ist der Endzustand des Patriarchats.

Die Autoren

Dr. Alexej Mend, geb. 1945 in Franken. Studium der Medizin und Psychologie. Arbeitete als Arzt in mehreren psychatrischen Kliniken und in einer Drogenberatungsstelle. Befaßte sich mit dem Zusammenhang von Mutter-Kind-Beziehung, Kleinfamilie, Rollentrennung und psychosomatischen Erkrankungen sowie der Verhaltensänderung durch die Frauen- und Männerbewegung.

Dr. Volker Elis Pilgrim, geb. 1942 in Wiesbaden, aufgewachsen in der Mark Brandenburg, Schule im Süden von Berlin (DDR), Studium in der BRD: Jura, Psychologie, Soziologie, Musik und Film in Göttingen, Frankfurt, Wiesbaden und München. 1968 juristisches Staatsexamen, 1970 Dissertation über den Rechtsschutz der angewandten Kunst. Seit 1970 Schriftsteller. Buchveröffentlichungen: Manifest für den freien Mann [Teil I: 1977 und Teil II: 1983] (rororo MANN 8220), Der selbstbefriedigte Mensch (rororo MANN 8217), Der Untergang des Mannes (rororo MANN 8214), Dressur zum Bösen (rororo MANN 8201), Elternaustreibung (rororo MANN 8205), Muttersöhne (Claassen).

Volker Elis Pilgrim
Alexej Mend

Das Paradies der Väter

Versprechen und Verbrechen

Rowohlt

Veröffentlicht im Rowohlt Taschenbuch Verlag GmbH,
Reinbek bei Hamburg, März 1987
Die Originalausgabe erschien 1980 im Programm
Beltz & Gelberg im Beltz Verlag
Die Taschenbuchausgabe ist aktualisiert und überarbeitet
Copyright © 1987 by Rowohlt Taschenbuch Verlag GmbH,
Reinbek bei Hamburg
Umschlagentwurf: Thomas Henning / Claus Pfitzner
Lektorat: Jürgen Volbeding
Satz Bembo (Linotron 202)
Gesamtherstellung Clausen & Bosse, Leck
Printed in Germany
880-ISBN 3 499 18207 6

Inhalt

Wir widmen dieses Buch allen Männern, die sich wandeln, die miteinander und gemeinsam mit Frauen und Kindern in eine vaterherrschaftslose Gesellschaft gehen.

«... was die Herren
den Menschen andrehen ...»

Nein, vom Paradies handelt das Buch nicht, auch nicht von Familienvätern. Der Begriff «Paradies» wurde verhöhnend benutzt, um die
Welt der Herren Manager, Direktoren, Präsidenten, Führer, Vorsit-
zenden und Häupter zu entblößen als Versprechen und Verbrechen.
Die herrschenden Väter der Gesellschaft malen den Menschen etwas
Positives aus, das durch ihr Wüten erreicht würde. Sie hinterlassen
jedoch nur Negatives: Dreck, Vernichtung, Chaos.

Das Manuskript hieß ursprünglich «Das anale Zeitalter». Noch
immer ist dieser Titel als Fenster zum Buch undenkbar. Das Schimpfwort der Schimpfwörter müßte, wenn auch in lateinischer Verklei-
dung, zum Titel gemacht werden, der im Deutschen verzerrt über-
setzt lautete: «Das beschissene Zeitalter». Das kauft und verkauft niemand, weil dieses Wort niemand vor Fremden laut affektlos und
freundlich aussprechen will.

Hinter den Deckeln des Buches spielt sich jedoch das ab, was ist,
was die herrschenden Väter kurz vor ihrem Abtritt hinterlassen: es
wird geredet vom «Zeitalter der Scheiße». Dieses Zeitalter ist mit
neuen Formen der Unterdrückung heraufbeschworen und die Unterdrückung tief in den Ursprung des Menschen und in die Zentren
seiner Lust hineingetrieben worden. Nicht mehr nur das Geschlecht,
sondern auch der Mund und vor allem die Körperregion des Unaus-
sprechlichen werden beim Aufwachsen beeinträchtigt, auf daß eine
Generation von Müllmenschen hervorgebracht wird, die zu dem In-
dustriechaos paßt.

Das «anale Zeitalter» produziert neue Verzweiflungen, Zustände
und Krankheiten (Sucht, Depression und Krebs), bringt die Geschlechtlichkeit allmählich zum Erliegen: Stillstand der Praxis oder
gespenstische Promiskuität, Aids als Todesstoß gegen das Sexuelle.

«Das Paradies der Väter» ist in Wirklichkeit eine «große Scheiße», würde der Volksmund sagen. Das, was die Herren den Menschen andrehen: Freiheit, Fortschritt, Marktwirtschaft, Aufschwung, Eroberung, Entwicklung, blendende Zukunft, Industrietotalität... hat ihnen nichts anderes gebracht als Beschiß, eine Erde, kurz vor der Zerstörung allen Lebens.

Das Buch nimmt die theoretische Perspektive der Kinder der Untergangsväter ein. Die Kinder wollen leben bleiben, aus dem Chaos wieder herauskommen, eine Lösung finden: wie hat gesellschaftliche Veränderung im Zeitalter nach Marx auszusehen? Versucht wurde eine Theorie, die über die Bezogenheit auf den Kapitalismus hinausgeht und die zielt auf eine Praxis der Abschaffung jeglichen Patriarchats, in gleich welche ökonomische Formation es gekleidet ist.

«Das Paradies der Väter» ist ein «Männerbuch». Mit diesem Begriff wird die Veröffentlichung von Erfahrungen und Erkenntnissen patriarchats- und rollenkritischer Männer erfaßt.

Das Patriarchat hält sich nicht nur aufrecht mit leiblicher Unterdrückung seiner ihm unterworfenen Menschen, sondern auch mit Ideeneinschleifungen, Bewußtseinsprägungen und Theoriebildungen. Die Denkweise der Menschen ist durch und durch so patriarchatsbestimmt, daß eine Überwindung dieser die Menschheit in den Untergang treibenden Gesellschaftsform unmöglich erscheint. Patriarchatsabtragende Arbeit ist daher nicht nur Erfahrungsarbeit – die Zulassung von neuen Erfahrungen und ihre Darstellung –, sondern sie ist auch Theoriearbeit: gegen die Denkgewohnheiten andenken und neue außerpatriarchalische Erkenntnisse mitteilen.

Es ist fast nichts brauchbar, was patriarchatsstützende Männer gedacht und hinterlassen haben, was sie noch heute von Tausenden von Ideenverteilungsplätzen in die Welt hineinpumpen. Das bisherige Gedankengut muß gesiebt und geprüft werden auf seine Brauchbarkeit für eine nachpatriarchalische Gesellschaftsform. Das herrschende Denken ist von der Künstlichkeit der Geschlechtertrennung geprägt: Männer machen mit Praxis und Theorie ihre Gesellschaft nach ihrem Willen, Frauen sind ihnen dabei mit ihrem Leib und mit ihrer Biologie behilflich.

«Das Paradies der Väter» ist ein Anfang patriarchatsabtragender Theorie, diesmal nicht wie üblich von Frauen geleistet, sondern von

Männern. Es entwirft nachpatriarchalische Theorie, und es versucht für die Grundlegung des Neuen die Aufhebung von Ideologien, besonders dreier großer Dogmen, mit denen die Menschen in ihre herrschaftsabhängigen Existenzen einbefohlen wurden und werden: Jesus Christus' Paradiesgedanke, Karl Marx' Klassengedanke und Sigmund Freuds Triebgedanke.

Die systemüberwindende Theoriearbeit ist nicht nur für die Beendigung der Väterherrschaft von Bedeutung, sondern auch unerläßlich für die Weiterentwicklung der patriarchatsunterlaufenden Männerbewegung.

Männer hapern mit der Erfahrungsdarstellung, stocken schon bei der Zulassung von Erfahrungen, scheuen vor allem rollenunübliche Erlebnisse. Erfahrungsmitteilung praktizierten Männer in ihrer Geschichte fast ausschließlich in der Weise der Personverschleierung als Kunstprodukt. Frauen arbeiten direkt, bringen ihr Persönliches unübertragen, unverfremdet ein. Sie haben schon das gegenpatriarchalische Ich, das sich zeigen kann und will. Der herrschaftsunwillige Mann hat ein solches, sich darstellendes Ich noch nicht. Er muß seine jahrhundertelang ihm eingerichtete Scham überwinden, von sich selbst zu reden und zu schreiben. Er muß sogar erst lernen, sich genau zu erfahren. Seine von ihm bisher produzierten sogenannten Autobiographien sind meist in Bekenntnis gehüllte Ideologien von sich selbst.

«Das Paradies der Väter» soll Männer ermuntern, so lange patriarchatsabtragende Theoriearbeit zu versuchen, wie der authentische Erfahrungsbericht noch nicht geht. Weil auch der unwilligste Mann mehr Teil der Männergesellschaft ist, als es die willigste Frau sein kann, müßte ganz besonders der Mann dazu geeignet sein, die Funktionsweisen des Patriarchats zu durchschauen. Keine neue Spaltung: Frauen machen Erfahrungsbücher, Männer machen Theoriebücher, sondern nur die Aufforderung für herrschaftsangeekelte Männer, sich auf jeden Fall zu äußern, in welcher Form und auf welchem Gebiet auch immer. Der Erfahrungsbericht ist nicht die einzige Form patriarchatsauflösender Äußerung, und er macht die theoretische Auseinandersetzung mit der Vätergesellschaft nicht überflüssig.

Erinnerung an den Religionsunterricht

Das Paradies ist eine sonderbare Einrichtung. Es ist der Ort der ewigen Seligkeit, ein Garten immerwährender Lust. Welcher Lust? Die Kinder in der Bibelstunde haben mißtrauisch zu den Wolken aufgeschaut. Darüber sollten sie eines Tages schweben? Immer schweben, jedes für sich allein und niemals sich mit anderen vereinen? Sollten sie dort nicht spielen, toben, tanzen, rennen, singen, klettern, baden, pfeifen dürfen? Würde dort auch kein Schlaraffenland sein mit ewig lustvollem Essen? Was aber, wenn alles Kinderlustvolle im Himmel nicht sein wird? Und wozu sollten sie sich dorthin sehnen, was die Erwachsenen offenbar taten? Das Paradies blieb den Kindern für immer ein Rätsel.

Das ewige Leben nimmt den Menschen das Geschlechtsleben und die Beschäftigung mit dem Boden ab. Die merkwürdige Unendlichkeit stellt die Menschen ohne Verknüpfung miteinander und ohne Festigkeit wie auf der Erde dar. Das mußte bedeuten: Mensch ohne Lust an Menschen, an sich selbst, an strebendem Tun, an Erde und an Dingen.

Was die Gottesvertreter ausgemalt hatten mit der immer wieder durchscheinenden Farbe «Seligkeit», haben die Väter den Kindern seit Generationen einzureden versucht: Die Menschen sollten auf die Lüste, die sie kannten, verzichten; sie würden dafür neue, bessere, wenn auch noch unbekannte, aber bestimmt ewige bekommen. Ohne Geschlecht und ohne Boden zu sein, nur zu schweben, wurde als das Höchste dargestellt.

Schrecken der Gegenwart: Aus der Idee, aus der Projektion nach oben, wird allmählich Praxis, wird Realität hier unten. Die Väter lassen die Menschen nicht mehr wie früher auf ein Jenseits warten, sondern haben begonnen, ihren unglaubwürdigen Himmel im Diesseits einzurichten. Sie bauen ihren Kindern eine Welt, die sich vom Boden abgehoben hat und in der sich das Geschlecht zu verflüchtigen beginnt. Aus Welt soll Paradies werden.

Die Welt als Paradies ist den Menschen nicht angenehm. Das Leben ohne Boden und ohne Geschlecht, in das sie gepreßt werden, erfahren sie als Leiden.

Paradies ohne Geschlecht

Die Beschädigung des Mundes

Die Menschen haben den Menschen das Geschlecht freigelegt. Sie machen es öffentlich, wann und wo immer sich ihnen eine Gelegenheit dazu bietet. Sie sprechen über es, zeigen es in ihrer künstlerischen Arbeit, erforschen seine Bedingungen in ihren wissenschaftlichen Untersuchungen. Sie benutzen es für politische Zwecke. Es hat Institute, Gesellschaften und Gremien bekommen, die seine Interessen vertreten. Und es wird von einem neuen Wirtschaftszweig, der Pornoindustrie, ausgebeutet. Kirche und Moral haben sich seiner angenommen, schützen und verteidigen es, anstatt es wie früher zu verfolgen und anzugreifen.

Der langbeschattete Venuswinkel wird grell ins Licht gezerrt. Aus Tages- und Wochenzeitungen blättern sich abgebildete Schamteile und beschriebene Schamgeschehnisse hervor.

Das Geschlecht darf heute fast alles, was es kann: Partnerwechsel, Gruppengeschehen, Mehrpersonenbeziehungen, Fremdkontakte, Gleichgeschlechtlichkeit. Alles versuchen die Menschen, hoffen auf Fülle der Lust, auf Vielfalt der Begegnungen, glauben an die Befreiung, die sich aus der Freilegung ergeben würde.

Die Veröffentlichung scheint dem Geschlecht nicht gutzutun. Das Verlangen nach dem angebotenen Allerlei schwindet wieder. Das Geschlecht duckt sich in Zweierbeziehungen, verschanzt sich dort, wo es bis vor kurzem noch hineingezwungen wurde.

Zur Zeit fristet es sein Dasein müde im Zwei-Personen-Schema oder flackert in Subkulturen und auf Reiseveranstaltungen. Allgemein hurt es nicht mehr richtig und bindet sich nicht wollüstig.

Die weitverbreitete und intensive Beschäftigung mit den geschlechtlichen Bedingungen läßt die Zeit erscheinen als Paradies *mit* Geschlecht. Doch drei Besonderheiten sprechen eindeutig dafür, daß das Geschlecht heute zaudert und zagt, anstatt zu jubeln und zu toben.

1. Die Menschen entwickeln keine neuen geschlechtlichen Lebensformen, die aus Zweierbeziehung mit Kleinfamilie herausführen könnten. Vorsichtige Versuche, das Geschlechtsleben innerhalb anderer Gemeinschaftsformen als in Ehen mit gelegentlichen Nebenverhältnissen und Einmal-Kontakten zu entfalten, sind wieder aufgegeben worden.

2. Die Menschen tendieren heute ohne obrigkeitlichen Druck zum Paar. Aber sie quälen sich in der Zweierbeziehung, gehen sie trotzdem immer wieder ein, lösen sie auf. Hunderttausend Scheidungen pro Jahr in der Bundesrepublik. Seltsames Unglücksreißen: Sehnsucht nach Paar, geschlechtliches Abschlaffen in der Beziehung, Voneinander-Wegstreben und trotzdem Aneinander-Haften, Kampf zwischen schlechtem Zusammenbleiben und feindlichem Auseinandergehen.

3. Die Menschen haben eine so große geschlechtliche Freiheit wie noch nie. Sie können sie nicht anders nutzen als in Wegwerfkontakten. Geisterhaft irren sie in ihren verschiedenen Unterwelten umeinander herum. Geschlechtsleben scheint es nicht mehr zu geben als Drang, Begierde, Lust, sondern nur noch als Sucht.

Drei Forschungsbeobachtungen haben den Weg geebnet, die Ursachen für die geschlechtlichen Schwierigkeiten der Menschen zu finden.

1. Harry Harlow[1] hat Untersuchungen mit Rhesusaffen vorgenommen.* Er wollte wissen, welche Faktoren das geschlechtliche

---

* Die Laborforschung mit Affenbabys war eine Gewalttat Harlows gegen das Lebendige. Patriarchalische «Natur»-Wissenschaft setzt sich generell über die Lebensrechte der Tiere hinweg und greift wildwütend in die Bedingungen von Tiergemeinschaften und in die Organismen hunderttausender Individuen ein. Männer erschleichen sich Wissen oftmals auf verbrecherische Weise. Zu diesen Verbrechen gehören zweifellos auch die Harlowschen Tierversuche. Es bleibt ein ungelöstes Problem, wie mit auf solche Weise zutagegefördertem Wissen umgegangen werden muß. Die Medizin ist voll von Wissen, das Ärzte sich über die Versuche an Menschen – z. B. Gefangenen in den Konzentrationslagern des

Verhalten entscheidend anregen und aufrechterhalten. Er ließ hundert Affenbabys von Geburt an mit drei Affenattrappen aufwachsen. In einer Attrappe waren in einem Drahtgestell Sauger einer Flasche angebracht, die andere war frotteeüberzogen und imitierte das Fell eines erwachsenen Affen. Die Babys verbrachten zwei Stunden an der Saugattrappe und klammerten sich siebzehn Stunden an die Frotteeattrappe. Sie wuchsen körperlich gut heran und erreichten die Geschlechtsreife, wurden aber für ihr ganzes Leben geschlechtlich in keiner Form aktiv. Nur mit großer Mühe konnten drei Weibchen doch noch gepaart werden, aber erst nach so etwas wie einer «Affengruppenpsychotherapie».

2. Die «wilden», ausgesetzten Kinder, die ohne menschlichen Kontakt in der Natur aufwuchsen, später wieder in menschlicher Gemeinschaft lebten, weil sie zufällig gefunden wurden, zeigten kein Geschlechtsverhalten[2]. Der Franzose Victor von Aveyron wurde in seinem ungefähr elften Lebensjahr entdeckt. Er hatte keine menschlichen Fähigkeiten. Er lernte allmählich noch vieles davon, zum Beispiel schreiben, nicht aber sprechen und auch nicht geschlechtliches Verhalten in der Form der Selbstbefriedigung oder des Begehrens anderer zur Befriedigung geschlechtlicher Lust.

3. René Spitz beobachtete bei Kindern im ersten Lebensjahr, die in einer befriedigenden Beziehung zu ihren Betreuern aufwuchsen, lustvolle Betätigung der Geschlechtsteile[3]. Wo die Beziehung für das Kind unbefriedigend war (Aufwachsen in Findelhäusern ohne andauernden persönlichen Kontakt zu Erwachsenen), rührten seine Hände sein Geschlecht nicht an.

Kaspar Hauser, der in einem Keller von einer vermummten Gestalt versorgt worden war, äußerte sich später geschlechtlich nicht[4].

Dritten Reiches – widerrechtlich angeeignet haben und das nach 1945 den Studenten, in der Regel ohne Hinweis auf seinen Ursprung, vermittelt wird. Soll dieses Wissen, das auf die denkbar verbrecherischste Weise erlangt worden ist, nicht transportiert, oder kann, darf, muß es als sogenannt wertneutrales Ergebnis gewalttätiger Forschung weitergereicht werden? Seine Benutzung rechtfertigt die mörderischen Versuche. Aber seine Nichtbeachtung macht die Opfer nicht wieder gesund oder lebendig, ihre Qualen total sinnlos. Doch der Zwiespalt bleibt: Die Verwendung verbrecherisch entstandenen Wissens achtet die Täter mehr als die Opfer.

Die Beobachtungen der an Attrappen herangezogenen Affen, der «wilden» und der ohne kontinuierlich anwesende Bezugspersonen aufgewachsenen Kinder machen mehreres deutlich:

1. Geschlechtliches Verhalten sowohl als Selbstbefriedigung wie auch als Kontaktverlangen entsteht nicht durch innere organische Vorgänge im Individuum, sondern ist eine Folge von erlebtem leiblichem Kontakt.

2. Zwischen früher Kommunikation und geschlechtlichen Äußerungen besteht ein Verhältnis. Fällt Kommunikation weg, tritt geschlechtliche Betätigung nicht auf. Ist die frühe Beziehung mangelhaft, problembehäuft und bruchstückhaft, schwankt, schwindet oder erlischt das geschlechtliche Verhalten. Die Kommunikation muß intensiv und von längerer Dauer sein.

3. Zur Ausbildung des Geschlechtsverhaltens bedarf es einer bestimmten Art der Beziehung. Der erste Kontakt des Babys muß zu selbständigen, zuwendungs- und abgrenzungsfähigen Individuen sein.

Unter Harlows mutterlosen Affenbabys waren zwei gleichaltrige, die sich das Kontaktbedürfnis gegenseitig befriedigten und sich aneinander schmiegten, statt sich an die Attrappen zu klammern. In ihrer Entwicklung unterschieden sie sich nicht von den attrappenbezogenen Babys. Der Kontakt zu unselbständigen Artgenossen bildete ebensowenig das Geschlechtsverhalten aus, wie es die Beschäftigung mit den Attrappen tat.

4. Hinter dem früh erlebten Kontakt verbirgt sich auch eine Lust. Die erste Lebenszeit des Individuums wird gekennzeichnet vom «Mund»-Verlangen. Sigmund Freud entdeckte, daß neben der Vermehrung auch die körperlichen Funktionen der Nahrungsaufnahme und der Reststoffausscheidung mit Lust einhergehen, daß Lust die Organismen provoziert, diese Funktionen zu verrichten [5]. Er sah den Menschen in einer Lustentwicklung, beschrieb sie in Phasen, die er «oral», «anal», «genital» benannte. «Oral» = die Lusterlebnisse, die mit den Bedürfnissen der Eingangsöffnung einhergehen, «anal» = die Lusterlebnisse, die die Aktivitäten der Ausgangsöffnung begleiten, «genital» = die Lusterlebnisse, die mit der Betätigung der Geschlechtsteile zusammenhängen.

Die orale Lust ist nicht nur ein körperliches, sondern auch ein kommunikatives Ereignis. Wenn das Baby nur physisch ernährt wird, es bei der Nahrungsaufnahme keine oder nur unbefriedigende Verbindung zu selbständigen Artgenossen erlebt, lernt es keine Lust, legt es keine Lustentwicklung bis zum Geschlechtsverhalten zurück. Die Mundlust und die Geschlechtslust entstehen durch die erste Beziehung. Ein lustfähiges Individuum wächst nur heran, wenn die Erfordernisse der Funktion (das körperliche Bedürfnis) und die der Beziehung (das gesellige Bedürfnis) erfüllt werden.

Die «Attrappen»-Affen, die «wilden» und die hospitalisierten Kinder scheitern geschlechtlich aus Mangel an Mutter, aus Mangel an befriedigendem ersten Kontakt zu einem selbständigen Artgenossen. Sie haben die Mundlust nicht gestillt bekommen, konnten nicht die Fähigkeit zur Geschlechtslust entwickeln. Ihre Extreme beleuchten ein Gesetz, das hinter dem Aufwachsen der Menschen und Primaten wie wahrscheinlich sämtlicher Säugetiere verborgen ist: Orale Befriedigung entwickelt die Fähigkeit zur genitalen Betätigung.

Was ist Oralität oder Mundlust genauer? Die physische Ernährung reicht für sie nicht. Oralität entsteht aus einer Summe von Berührungen und lebensfördernden Handlungen. Sie ist Grundlegung für die Fähigkeit zu Kontakten und lebenserhaltenden Aktionen. «Oral» heißt die erste Zeit, weil der Mund ihre wichtigste Region ist. Er ist Repräsentant einer Vielheit von Geschehnissen, die das entstehende Individuum mit den schon erwachsenen Artgenossen verbindet: dauerhaftes Entgegenbringen sorgender Lebensenergie, hätschelndes Bestätigen der neuen Existenz, allumfassendes Bejahen, allanfassende Berührung, Nahrungseinflößung mit wärmespendender Lebewesennähe, Entstehen erster Gegenseitigkeit. Alle Aufmerksamkeit des neuen Individuums konzentriert sich auf Mund, weil es über ihn die Fortsetzung seines Daseins garantiert bekommt. Beim Säugen wird es zugleich an die Haut des nährenden Artgenossen angeschlossen (äußere Kontaktlust); es bekommt durch die Nahrungseinnahme die Befriedigung der Stoffwechselorgane garantiert (innere Funktionslust).

Augen und Ohren haben in dieser frühen Zeit eine viel geringere Bedeutung als der Mund, der seine Funktion als hervorragende Lustquelle das ganze Leben lang behält, angedeutet mit dem merkwürdig verschobenen, geflügelten Satz: «Die Liebe geht durch den Magen.» Sie geht über den Mund.

Diese Vielfalt an energiegeladenen, lebendigen Geschehnissen zwischen Baby und Artgenossen ist das Fundament für alle Lebensäußerungen des Heranwachsenden. Die geschlechtliche Lust ist wie die Mundlust nur ein besonders herausragendes Zeugnis lebendigen Geschehens. Den «Attrappen»-Affen, den «wilden» und den hospitalisierten Kindern fehlten neben der geschlechtlichen Lust noch andere Lebensäußerungen. Die «wilden» Kinder werden als stumpf, die Heimkinder als kontaktgestört beschrieben. Wenn das Berührungsfundament entzogen oder mangelhaft war, kann das Lebewesen sich nicht berühren lassen und keine Berührungen anderer erstreben. Die Verteilung der Zeit, die die Affen an den verschiedenen Attrappen verbracht haben (2 Stunden an der Saugattrappe, 17 Stunden an der Frotteeattrappe), macht deutlich, wie wichtig der Kontakt für das Individuum ist. Fehlt die Ernährung, stirbt das Individuum sofort, fehlt der Kontakt, siecht es, geht mit ihm das Leben allmählich zu Ende, fehlt ihm die Möglichkeit, sich den lustvollen lebenserhaltenden und lebenserneuernden Tätigkeiten hinzugeben.

Der mittelalterliche Kaiser Friedrich II. unternahm Versuche an Menschen. Er wollte wissen, welche Sprache Babys sprechen, wenn sie ernährt werden, mit ihnen aber nicht gesprochen wird. Er befahl, Säuglinge von allen verbalen und taktilen Verbindungen zu isolieren, sie nur regelmäßig zu füttern. Die Zärtlichkeit der Rede und der Berührung entbehrend, vegetierten die kleinen Menschen in einem solchen Mangel dahin, daß sie trotz der Stillung ihres Hungers starben.

Die geschlechtlichen Schwierigkeiten der Menschen deuten auf frühkindliche Entbehrungen hin, auf einen oralen Mangel, der sie geschlechtsgeschwächt erwachsen werden läßt. Die sogenannte sexuelle Revolution, die ihnen heute möglich wäre, können sie nicht stattfinden lassen.

Die Ursachen für die abfallende Geschlechtslust: Die Menschenmütter werden immer mehr zu Attrappen von Mütterlichkeit. Sie lassen hohe Bedürfnisse nach Oralität zurück, gewährleisten dadurch keine Ausbildung einer kräftigen Genitalität.

Die Menschen leiden in der Gesellschaftsordnung des Patriarchats an einem Mutterschwund, den es von Anfang seiner Geschichte an betreibt. Seit die Väter die Verhältnisse bestimmen, muß Kinderaufzucht in einem Rahmen der Unfreiheit stattfinden. Die Kinder sollen unter der Obhut der weiblichen Menschen aufwachsen, die sie geboren haben. Und diese Menschen sind in der Gesellschaft der Väter unfrei. Unfreie als Kinderbetreuer können grundsätzlich nie das Maß an Oralität befriedigen, das der Mensch am Anfang seines Lebens braucht. Dadurch entsteht unter patriarchalischen Bedingungen immer ein Mangel an früher Lust und eine lebenslängliche Unverträglichkeit zwischen Mund- und Geschlechtslust.

Der Mutterschwund ist bei den Menschen der Industrienationen erheblich vorangeschritten. Er wird gefördert durch vier Belastungen, denen die Frauen ausgeliefert sind:

1. Frauen werden als Mütter isoliert. Sie müssen die Kinder im «Haus», das heißt heute, in einer Zweieinhalb-Zimmer-Wohnung allein aufziehen. Ihre Männer beteiligen sich an der Betreuung nur zugabehalber. Freundinnen und Freunde, mit denen die Frauen gemeinsam betreuen könnten, haben sie kaum. Schwestern, Brüder, Großmütter und -väter, Tanten und Onkel – eine miteinander lebende Großfamilie – gibt es nicht mehr.

Es war den Frauen noch bis ins 20. Jahrhundert hinein möglich, den Bereich, der ihnen zugeteilt wurde, in gewisser Autonomie zu handhaben. Dazu gehörte: Kinderbekommen, Kinderaufziehen, Nahrungzubereiten, Kleiderherstellen, Besorgung der intimen menschlichen Bedürfnisse. Das, was «Haus» war, woher der Begriff «Hausfrau» kommt, wurde von den Frauen in Selbstverwaltung gestaltet, wenn auch die Art der Gestaltung in jeder Klasse unterschiedlich war. Den autonomen Bereich des Hauses gibt es nicht mehr. Alles, was Frauen aufgabengeteilt taten, ist von Männern besetzt, ist vom Bereich der Männer geschluckt worden. Sogar das Gebären ist unter den Einfluß der Männer geraten, und Hebammen und Hausgeburten sind zu Randerscheinungen zurückgedrängt worden. Das einzige, das den Frauen aus ihrem Bereich geblieben ist: Mutter und aufwachsendes Kind. Das Dasein der Frau ist auf dieses Zwei-Personen-Schema geschrumpft.

2. Frauen werden von aller gesellschaftlichen Verantwortung ausgeschlossen. Sie haben keine Möglichkeit, den Charakter der Gesell-

schaft zu bestimmen, wie ihn die Männer bestimmen. Sie üben keine Tätigkeit aus, mit der sie auf die Qualität der Gesellschaft einwirken könnten. Und der Bereich der Männer ist aus dem Blickwinkel und aus der Einflußmöglichkeit der Frauen weggerückt. Die Mann-Frau-Beziehung war früher im Herr-Knecht-Verhältnis geregelt. Die Frau wurde von einem bestimmten Mann unterdrückt, auf den sie in Reflexwirkung Macht ausüben konnte. Königin, Handwerkerin und Bäuerin konnten überschauen, was ihre Männer taten, die mit den Frauen meist zusammenarbeiteten und sich dadurch ihren Einfluß gefallen lassen mußten. Der Knecht hat immer auch Wirkung auf den Herrn. Die Frauen sind heute nicht mehr die Knechte ihrer Männer, wie sie das früher waren. Dadurch hat sich ihr Einfluß auf die Männer verringert. Außerdem können sie mit den Bürokratien, Apparaturen und Industrien ihrer Männer nicht mehr umgehen. Und wenn sie bei Männern arbeiten, haben sie in der Regel eine untergeordnete Position, aus der sich ihre Einflußlosigkeit von selbst ergibt. Die Frau ist als Wohnungsfrau wie als Angestellte heute «außen». Die Unterdrückung der einzelnen Frau hat nachgelassen, die Machtlosigkeit aller Frauen gegenüber der von Männern bestimmten Welt hat zugenommen.

3. Frauen wird die geschlechtliche Selbständigkeit und die Bestimmung der geschlechtlichen Bedingungen noch immer streitig gemacht. Freie Wahl und freie Aktivität sind für Männer eingerichtet worden; nicht für Frauen, die dabei überall gesellschaftliche Behinderung erfahren. Für sie hat immer noch die Anpassung an Männer zu gelten.

4. Frauen sind vom Boden getrennt worden. «Mutter» und Erde sind ursprünglich einander nahe. «Mutter» und Vätergesellschaft sind Gegensätze. «Mutter» und Erde äußern sich rhythmisch, zyklisch, allmählich, lassen gedeihen, bringen hervor, nähren und bergen. Die Vätergesellschaft verfährt geradlinig, unwiderrufbar, abrupt, zielgerichtet, schafft ab, tilgt aus, raubt und legt frei. Je mehr das Leben vom Lande abhob, verstädterte und verbürgerlichte, um so mehr wurden «Mutter» und Erde voneinander getrennt. Das Bild von der Frau – ihr Idol – enterdete und entmutterte. Schwangerschaft wurde häßlich, Gebären machte Dreck. Schwanger gewordene Frauen fallen sofort in Gegensatz zur Gesellschaft. Sie werden in die

Isolation geworfen, die sich dann festmacht, sowie sie geboren haben. Die Frau, die geliebt werden will, muß duften, soll von «oben» kommen, darf nicht an «unten» erinnern.

Die die Frauen liebenden Männer der Vätergesellschaft haben den Mutterschwund vorangetrieben. Sie müssen «Mutter» fliehen, sich vor dem Inneren der Bäuche und vor den Naturfunktionen der Frauen ekeln. Das «Weib», das sie begehren, soll so wenig an Mütterlichkeit erinnern wie möglich. Also werden Frauen prämiiert, wenn sie kosmetisch sind, hygienisch, glatt und steril. Illustrierten-Frauen-Körper-Nacktheit und Hochzeitsfotos zeigen, wie aller Boden aus Frauen weichen mußte.

Die Trennung von «Mutter» und Boden (die die Frauen mit der Hexenbewegung versucht haben aufzuheben) ist für Kinder eine Zumutung. Kinder können mit ihren Puppenmüttern wenig anfangen. Frauen ohne Boden, ohne ihr Bewußtsein, mit Erde etwas zu tun zu haben, können keine Mütterlichkeit mehr spenden. Wenn ein enterdeter Wohnungsfrauenmensch ausschließlich mit Kindern umgeht, erleiden diese Kinder einen Mangel in ihrer frühesten Zeit.

Aus den Harlow-Spitzschen Beobachtungen ergeben sich zwei Grunderfordernisse für die Betreuung von heranwachsendem Leben, wenn die erste Lebenszeit des Individuums befriedigend verlaufen soll:

1. Neben der Ernährung braucht das Baby über einen längeren Zeitraum seiner Entwicklung von seinen Betreuern: leibliche Berührung, affektive Zuwendung und konzentrierte Beschäftigung. Es braucht die Haltung des grundsätzlichen Wollens seiner Entwicklung, braucht sichtbare und fühlbare Aktionen dafür.

2. Die Betreuer müssen erwachsen, sicher, abgegrenzt, zufrieden und selbständig sein.

Das erste Erfordernis wird nur noch skizziert gewährleistet. Die wohnungsabgeschlossenen, gesellschaftsausgeschlossenen und bodenabgetrennten Frauen sind bei ihren Kindern zwar anwesend, aber sie säuern ihre Leiden in die Beziehungen zu ihnen hinein. Ihr Kontakt zum Kind wird durchzogen von der Melancholie ihrer Behinderungen. Frauen halten ihren Kindern nur noch ein Bild hin, eine Vorstellung von Mutter, an der sie selbst keine Lust haben, aus der sie keine Befriedigung mehr bekommen können, was vielleicht früher möglich war. Mutter ist Ikone: Mutterdarstellung.

Die Frauen zerquälen sich in doppeltem Schuldgefühl, entweder dem Kind oder der Gesellschaft gegenüber. Wenn sie «Nur»-Mutter und Wohnungsfrau sind, fühlen sie sich unwohl in der Gesellschaft, die von ihnen industrieeinbezogene Jobberei in den zahllosen Männer-zur-Hand-geh-Tätigkeiten erwartet. Wenn sie in den für sie zur Verfügung gestellten Beipositionen arbeiten, ist ihnen die Beschäftigung mit Kindern so erschwert oder unmöglich, wie es das Männern in dieser Gesellschaft sein soll.

Das zweite Erfordernis ist auf ein Minimum herabgesetzt worden. Die vierfach gehinderten Frauen sind nicht erwachsen, sicher, abgegrenzt, zufrieden und selbständig. Sie dürfen in der Gesellschaft nichts wollen, wollen daher alles vom Kind. Sie entgrenzen sich gegenüber dem Kind, hängen sich an es, ähneln mehr Harlows gleichaltrig Klammernden als den natürlichen Müttern. Hinter ihrer körperlichen Erwachsenheit verbergen sie psychische und gesellschaftliche Hilflosigkeit. Sie sind immer weniger Mütter, immer mehr Partner und allmählich Kinder ihrer Kinder. Frauen als Attrappenmütter und selber Babys lassen ihren Kindern einen Mangel an frühem Wohlbefinden zurück, fremd gesagt: produzieren ihnen ein orales Defizit.

Die Mutter-Kind-Beziehung – eine Vielfalt von Bedingungen frühkindlicher Zwischenmenschlichkeit – wurde schon mit Kriminalität und Geisteskrankheit in Verbindung gebracht[6]. Hier geht es um den kulturellen Zusammenhang zwischen Mutter-Kind-Beziehung und Geschlechtsleben. Aus den drei erwähnten Beobachtungen ist deutlich geworden: Geschlechtstrieb wird beeinflußt durch orale Befriedigung. Dem Geschlechtstrieb unterlagert Mundtrieb, der unbefriedigt keinen Geschlechtstrieb entstehen, mangelhaft befriedigt, ihn verkümmern, flackern oder erlöschen läßt.

Die Mundlust wird befriedigt durch eine unbeeinträchtigte – freie, glückliche, geachtete – Mutter. Die Mutter wird im Patriarchat beeinträchtigt. Ihre Beeinträchtigung hat in der Gegenwart ihren Höhepunkt erreicht. Das zivilisierte Patriarchat hat alles, was Frau ist, was unter «Frau» verstanden wird, beiseite gedrängt und aus seinen tagespolitischen Wichtigkeiten ausgestrichen. Es verlangt von der Frau nur noch, daß aus ihr Mutter werde. Diese Bestimmung ist unsinnig, denn eine Frau, die sich in keiner Aktion der patriarchalischen Gesellschaft mehr wiederfindet, ist ein so verringerter und gedemütigter Mensch, daß sie nicht mehr Mutter sein und es auch immer weniger werden kann. Die Väterverhältnisse sind extrem unmütterlich geworden, widerspiegeln nirgends mehr Mutter-Kind-Geschehnisse: Ruhe, Geborgenheit, Sanftheit, Allmählichkeit, Dauer, Treue, Konzentration, Verläßlichkeit.

Durch die Reduzierung von «Mutter» ist eine neue Unfreiheit entstanden.

Die Sexualität (Genitalität) wird heute überbewertet und den Menschen aufgedrängt. Die sexuellen Bedürfnisse werden ihnen erzeugt und eingeredet. Wenn Menschen aus diesen Bedürfnissen Befriedigung und Glück erlangen wollen, bekommen sie die beiden kaum.

Bisher wurde unterdrückt durch Behinderung der Genitalität. Heute wird gepeinigt mit Nötigung zur Genitalität. Die Welt blitzt obszön. Die Menschen fühlen sich sexuell gejagt und herausgefordert. Bilder und Taten der anderen wimmeln von Geschlechtsgeschehnissen.

Das Gebot und die Vorschubleistung zu geschlechtlicher Praxis sind im Zusammenhang mit dem oralen Defizit und der genitalen Schwächung der Menschen eine Form der Unterdrückung. Die genitale Öffentlichkeit quält den Menschen, der meint, das alles, was ihm angeboten wird, auch tun, verlangen, können und aus ihm Wonne ziehen zu müssen.

Unterdrückung braucht heute nicht mehr als Versagung des Geschlechtslebens gehandhabt zu werden. Es fehlt die unterdrückungsfähige Kapazität vehementer Genitalität. Die sexuelle Freiheit ist ohne Folgen, da sich aus oralem Defizit keine sexuelle Kraft mehr entwickelt, die die Freiheit nutzen könnte. Patriarchat setzt die Menschen immer schmerzhaft ins Gegenteil ihrer Wünsche und Bedingungen.

Die Menschen versuchen, ihre geschlechtliche Mattigkeit mit genitalen Mitteln zu heilen. Aber die sexuelle Unbefriedigbarkeit ist das Symptom von oralen Leiden. Dem Geschlecht mit genitalen Stützmaßnahmen beizukommen, nützt ihm nichts; denn verschiedene Lustpraxen, Abwechslungskontakte und Mehr-Personen-Beziehungen ändern nichts am oralen Mangel. Die Sexindustrie floriert nur, weil die Menschen probieren, ihr Geschlecht mit sexuellen Hilfsvorrichtungen wiederzubeleben. Putschmittel sollen Potenz regeln, Technikvorschriften und Instrumente sollen Frigidität angehen. Was durch die Sexindustrie geschieht, ist Verführung und Verdummung, Scheinaufklärung, um die Schmerzen des siechenden Geschlechts weiter bestehen zu lassen.

Die sexuellen Probleme der Menschen sind nur eine Auswirkung ihrer oralen Probleme. Das Orale ist ihre bedeutendste Kraft, ihr wichtigster An-Trieb, ihre vorrangige Lust. Nach ihm strebt am heftigsten ihr Verlangen. Dieses Gesetz ihrer Seele konnte erst entdeckt werden, seit orale Befriedigung nicht mehr annähernd gewährleistet wird. Das Orale ist kein Partialtrieb, wie Freud es sich dachte, sondern es ist Lebensfundament und Libidoproduzent. Der Mund ist die Quelle des Geschlechts.

Durch das orale Defizit werden die Menschen vom Leben allmählich abgetrennt. Sie verlieren die zwei wesentlichen Fähigkeiten, mit dem Leben in Verbindung zu sein: annehmen und aushalten.

Das Leben bietet jedem Menschen ununterbrochen etwas an, das er zu seiner Entwicklung gebrauchen kann. Immer fällt ihm etwas zu, das bei näherer Betrachtung erscheint, als sei es nur für ihn bereitgestellt. Der oral unterversorgte Mensch kann die Angebote des Lebens nicht wahrnehmen, kann auf sie nicht eingehen, sie nicht annehmen. Der frühe Mangel hat ihn nicht auf Angebot, sondern auf Verlust eingestellt.

Das Leben mutet jedem Menschen immer etwas zu. Er muß Entbehrungen, Strapazen, Durststrecken, Wartezeiten aushalten. Die orale Sättigung ist ein Polster, das zu Geduld befähigt. Wenn in der frühen Zeit mehr Entbehrung als Fülle erlebt wurde, reagieren die Menschen panisch auf später zugemutete Entbehrungen, die sie nicht aushalten wollen und können.

Die Belebung des Geschlechts

In den Zweierbeziehungen der Menschen mit oralem Mangel geschieht immer wieder das gleiche. Verbindungen und Ehen werden geschlossen aus dem Anlaß geschlechtlicher Anziehung. Sind die Menschen eine Weile in der Beziehung zusammen, haben geheiratet, bewohnen dieselbe Wohnung, schwindet ihr geschlechtliches Verlangen aufeinander, schwankt oder erlischt es zumindest bei einem Partner gegenüber dem anderen. Die Beziehungen «oralisieren». Die Menschen mit oralem Defizit behalten in ihrem Erwachsenenleben ein heftiges orales Verlangen, mit dem sie aufeinanderzu treten. Ihr geschlechtliches Begehren ist nur Verpackung um ihr Mundverlangen. Die Paarbeziehung erinnert zwingend an die Mutter-Kind-Beziehung. Beides sind Zweierbeziehungen mit dem Charakter der Ausschließlichkeit. Sowie das Paar geschlossen, das Nest einer Beziehung eingerichtet ist, platzen die genitalen Bedürfnisse ab, drängen die oralen hervor.

Die genitalen Bedürfnisse gelten immer noch als Liebesbarometer. Ihr Fall soll beweisen: Sie/er liebt mich nicht mehr. In Wirklichkeit signalisieren die Menschen mit dem Verschwinden der genitalen Begierden nicht Lieblosigkeit, sondern Hilflosigkeit. Sie wollen sich fallen lassen, ihre oralen Kräfte mit Hilfe des Partners gestärkt bekommen, damit ihre genitalen Kräfte sich entfalten können.

Die Zweierbeziehungen werden immer wieder von Katastrophen geschüttelt. Der Oralisierungsprozeß tendiert zur Lawine. Schwinden des genitalen Verlangens bei einem Partner provoziert beim anderen Erkaltung, Verschließung, Abwendung. Das sind anti-orale Stimmungen, die das orale Defizit verstärken, wodurch die Genitalität immer mehr verkümmert oder erlischt.

Die Partner trennen sich aber nicht, sondern klammern sich seelisch aneinander. Der entbehrende Partner wiederbelebt Erfahrungen mit der oral entbehrenden Mutter. Die Menschen fixieren sich an die Situation der Entbehrung, die sie bei ihrem Lebensanfang nicht bewältigen konnten und nun als Erwachsene wiederholen müssen. Sie suchen Liebe, was heißt, orale Fülle und handeln sich in Wiederholungszwang erneute orale Versagung ein: Ablehnung, Verzicht, Unerfülltheit, Abneigung, Haß. Der Schmerz der Lage: Wegen des oralen Defizits haben die Menschen einen Drang nach Zweierbeziehung, den ihnen keine Moral hätte einrichten können. Kaum sind sie Paar, verfliegen die genitalen Wünsche oder verschwinden aus der Partnerschaft und irrlichtern außerhalb der Beziehung.

Jenseits von Beziehungen geht Sexualität scheinbar besser. Bei Fremd-, Zufalls- und Einmalkontakten passiert keine Oralisierung. Die Erinnerung an die Mutter wird vermieden, die Aktualisierung der frühkindlichen Mangelerlebnisse ausgeschlossen. Die Einmalkontakte wirken außerdem auch etwas stabilisierend. Die Personen bestätigen einander durch den genitalen Kontakt ihre Attraktivität, Besonderheit und Fähigkeit, was eine matte Befriedigung verschafft. Aber diese orale Zufuhr ist zu gering. Dauerhafte orale Befriedigung gelingt durch die Einmalkontakte nicht, weil sie die orale Problematik bestehen lassen.

Die Menschen brauchen glückliches Geschlecht und zufriedenen Mund. Für dieses Problem kann die Zweierbeziehung etwas tun. Wenn sich die Partner gegenseitig ihre oralen Bedürfnisse befriedigen, heilen sie einander ihre genitalen Unpäßlichkeiten.

Die Zweierbeziehung zu schelten, solange die Menschen Notdurft nach ihr haben, ist quälerisch. Neue geschlechtliche Lebensformen jenseits der Zweierbeziehung zu propagieren, ist sinnlos, weil die Menschen keine Kapazität haben, mit der sie sie gestalten können. Also Zweierbeziehung, die eine vorübergehende, bedeutende Aufgabe erhält, oralen Mangel zu beheben und genitale Fähigkeiten zu beleben. Aber wie?

Was wollen die Menschen in der Zweierbeziehung? Wie äußern sich ihre oralen Bedürfnisse, und wie können sie erfüllt werden?

Die Menschen wollen in der Zweierbeziehung ihre Bedürfnisse nach Geborgenheit, nach zärtlichem Kontakt, nährender Zuwendung, anteilnehmender Gegenwart befriedigt bekommen.

Sowie die Nähe einer Beziehung entsteht, entgrenzen sich die Menschen, verschwimmen, fallen zurück, kindeln ein, wollen sich füllen mit Partner, Teil von ihm werden, ihn als Teil von sich selbst erfahren, wollen wie am Anfang des Lebens noch einmal einswerden mit zuwendender selbständiger Person.

Die Erfüllung der oralen Bedürfnisse kann gelingen, wenn jeder

Partner das Verlangen des anderen annimmt, für ihn Mutter zu sein. Das Verhalten zur Belebung des Geschlechts ähnelt einem Verfahren, welches in Frankreich und Amerika zur Heilung von geistig Kranken entwickelt worden ist und «Beelterung» oder «Bemutterung» genannt wird[7]. Aus der Erkenntnis, daß Psychosen aus Störungen der frühen Beziehungen herrühren, behandeln Therapeuten Patienten wie Menschen nach der Geburt. Die Patienten dürfen noch einmal Baby sein, sich füttern lassen, schreien, sich beschmutzen. Ihnen wird die erste frühe Beziehung, die sie krank werden ließ, gelöscht und eine neue Beziehung erfahrbar gemacht. Sie verschmelzen als seelisches Kleinkind mit einer erwachsenen Person, die nun keine Attrappe, nicht selber Baby, sondern eindeutig Mutter ist, die Entgrenzungslust gewährt und die eine allmähliche Abgrenzung des seelisch noch einmal von vorn beginnenden Patienten fördert. Bei der Heilung der Kranken ist eine körperliche Kindnachspielung notwendig, um die seelisch-sozialen Prozesse, wie von Anfang an, in einem zweiten, besseren Anlauf stattfinden zu lassen.

Die Menschen mit oralem Defizit sind zu Teilen so erkrankt und gestört wie die geistig Kranken. Ihr Mutterschwund kann mit Bemutterung geheilt werden. Der Begriff «Beelterung» ist günstiger. «Bemutterung» ist zu sehr mit Mutterrolle und mit der Reservierung der Frau für «Mutter» verbunden. Beeltern können und sollen aber Frauen wie Männer.

Für das Gelingen der Beelterung ist Voraussetzung:
1. Entbindung von den originalen Eltern,
2. Befreiung des Partners von der Projektion (Filterung seiner Person vom Verhalten der Mutter, das im Übertragungsgeschehen auf den geliebten Menschen projiziert wurde.)

1. Je weniger die Eltern oral befriedigen, um so mehr sind ihre Kinder an sie gebunden. Bindung entsteht aus Unbefriedigtheit. Das Befriedigtsein entbindet.

Da für das Orale fast ausschließlich die Frau zuständig ist, sind Kinder an Frauen, an ihre Mütter gebunden. Der Mutterschwund schafft Mutterbindung. Die Menschen hoffen zeitlebens, das orale Defizit von ihren Müttern nachgefüllt zu bekommen. Auch noch eine alte, abgezehrte Mutter erscheint oral verschwendend. Sie ist etwas spendender als ein unpersönlicher Arbeitskollege oder ein oral defizitärer Partner, der Zuwendung nur haben, aber nicht geben will. Die Menschen flüchten sich daher immer wieder zu ihren Müttern. Aber die zeitgenössische Kommunikation zwischen Erwachsenem und seiner Mutter beruht auf dem Bestehenlassen seines oralen Defizits. Denn die Mütter heilen sich ihre gesellschaftlichen Verletzungen mit der Bindung ihrer Kinder an sie. Sie lassen sich von ihren Kindern beeltern. Sie sind sich der Bindung, was für sie bedeutet, der andauernden Zuwendung ihrer Kinder sicher, wenn deren orales Defizit nie behoben wird. Mütter, die ihren Kindern ein orales Defizit hinterlassen haben, werden es später nicht aufheben, da ihre gesellschaftlichen Beschädigungen ja nicht weniger werden. Die Menschen müssen diese Hoffnung gegenüber ihren Müttern begraben. Mütter sind keine Gebemaschinen mehr, als die sie vom Patriarchat propagiert, eingerichtet und ausgebeutet wurden.

Da die Bindung an die Mutter ein orales Phänomen ist, gelingt die Entbindung nur mit Hilfe einer neuen oralen Beziehung. Das Orale hebt die Mutter aus den Angeln, weil eine orale Beziehung der Mutterbeziehung ebenbürtig ist. Eine nur genitale Beziehung entbindet nicht. Ebensowenig kann eine Bekanntschaft, eine Freundschaft, eine Sprechbeziehung die Mutterbindung lösen. Die oralen Probleme können nicht über Gespräche und Bewußtmachungen, sondern nur über neue orale Beziehungen, das heißt mutter-kind-ähnliche Ausschließlichkeiten gelöst werden.

Die Maßnahmen der Entbindung sind äußere, konkrete Handlungen, die die Realität der Bezogenheit des Kinderlebens auf Mutterleben verändern müssen, gleichgültig, ob diese Bezogenheit vom Kind lustvoll oder ärgerlich empfunden wird.

Ohne Entbindung von der Person, die das orale Defizit hinterlassen hat, ist keine Beelterung möglich. Während der Beelterung der Psychotiker sind die leiblichen Mütter abwesend. Die normalen Zweierbeziehungen als Ehen sind ein Arrangement mit der Bindung an die Mütter. Bleibt diese Bindung mit alten Gewohnheiten aufrechterhalten, hat die erwachsene Zweierbeziehung keine Kraft, das orale Defizit zu füllen, wird sie zur Mutterersatzbeziehung mit der schmerzhaften Spaltung der oralen und der genitalen Bestrebungen.

2. Die Menschen lieben nicht andere erwachsene Menschen, sondern sie «übertragen», wenn sie lieben. Sie begehren Menschen in Stellvertretung ihrer frühen Bezugspersonen. Ein Mensch begehrt einen anderen, weil dieser seiner Mutter – der frühen Person des Begehrenden – in Aussehen und Verhalten ähnelt. Die Konfrontation zwischen Partner und Mutterbild läßt Abneigung und Wut entstehen. Der erwachsene Geliebte konkretisiert sich durchs Zusammenleben. Er ist nicht Mutter, sondern anderer Mensch. Er soll bessere Mutter sein. Die angenehmen Teile von der originalen Mutter soll er behalten, die unangenehmen, an die er auch erinnert, soll er aufgeben, die Unerfülltheiten erfüllen. – Morastiges Geschehen zwischen zwei Menschen, die immer wieder sich in den Schulden ihrer Altvorderen verstricken und die Folgen der schlecht gelaufenen Urbeziehungen auslöffeln müssen.

«Übertragen» heißt ähnlich-wählen. Einiges ist in der neuen Zweierbeziehung auch anders. Der Liebende ist erwachsen und kann sich gegen den Partner besser wehren als gegen die Mutter. Im Ähnlichen liegt die Chance: Die Übertragung zwingt die Menschen zunächst immer wieder, Partner zu wählen, die wie die Mütter anstatt oral zu versorgen, orale Entbehrungen zumuten. Die ideelle Seite der Liebe malt den Partner mit Zuwendungsfülle aus. Die praktische Seite der Liebe läßt die Ursituation der Entbehrung wiedererstehen. Der Partner ist ähnlich versagend wie die Mutter, oder der Liebende provoziert beim Partner ein Verhalten, das dem der Mutter ähnelt: Desinteresse, Zurückgesetztwerden, Abwendung. Die Menschen gehen so lange an ihre seelischen Wunden – weisen mit eigenem Verhalten und heraufbeschworenem Verhalten anderer auf sie hin –, bis sie geheilt sind.

Die Heilungsmöglichkeit liegt in der Rücknahme der Übertragung. Die Filterung von Partner- und Mutterverhalten gelingt, wenn der Partner immer mehr real erfahren und dadurch die Übertragung von ihm abgelöst werden kann und wenn der Liebende sich nicht mehr so verhält, daß er Ablehnung provoziert. Die Realität hilft dabei. Denn der Partner ist nicht so beeinträchtigt wie die Mutter. Er muß nicht oral versagen wie sie.

Für die Filterung ist es erleichternd, wenn die Partner in Erfahrung bringen können, welch ein Mutterbild auf sie übertragen wird, wenn sie die Urbeziehung rekonstruieren, die Mütter / Eltern kennenlernen und deren Beziehung zum erwachsen gewordenen Kind beobachten. Die seelische Entbindung von der originalen Person «Mutter» ist eine Voraussetzung der Filterungsarbeit. Durch die Veränderung von Gepflogenheiten zeigt sich das Urverhältnis deutlicher als durch ihre Aufrechterhaltung. Die Entwöhnung der *Mütter* erhellt den Charakter der Beziehung zu ihnen. Wenn die Mütter nicht mehr leben oder für die Entbindungsmaßnahmen nicht greifbar sind, dann hilft Geschichtsarbeit, das heißt, die Beziehung zu ihnen von allen Wehen und Wonnen her zu beleuchten.

Die drei Prozesse Entbindung, Filterung und Beelterung greifen ineinander über. Die Filterung muß geschehen, um nicht die Mengen von Zorn, die der ersten Bezugsperson gelten, immer wieder auf den erwachsenen Partner prallen zu lassen, was die Beelterung behindern würde. Die Entbindung muß geschehen, um die psychische Macht der realen Mutter abzutragen. Ohne diesen Vorgang kann kein Partner muttergleiche Bedeutung erlangen. Entbindung und Filterung gelingen wiederum nur, wenn der Partner das ursprüngliche Mutterverhalten korrigiert. Nur bei oraler Zuwendung kann der Liebende sich von der realen Mutter entbinden, kann er die Übertragung aufgeben und Mutterbild und Partner voneinander trennen.

Die Beelterung bedeutet auch in der Zweierbeziehung Löschung der frühen Erfahrungen. Wenn durch Entbindung und Filterung herausgekommen ist, was zutiefst verletzt, was unbefriedigt gelassen hat, dann kann jetzt im Prozeß der Beelterung korrigiert, erfüllt, geheilt und befriedigt werden.

Grundsatz der Beelterung ist: Nicht der Patient muß sich verändern, sondern der Therapeut, nicht der Liebende, sondern der Partner. Das ist der Kern der Heilung oraler Störungen. Der Partner / Therapeut muß sich anders verhalten als sich die Mutter verhalten hat.

Wenn sich die Mutter (Geliebter, Therapeut) geändert hat, kann sich auch das Kind (Liebender, Patient) ändern. Der Mensch kann das ins eigene Verhalten übernommene Mutterverhalten, zu versagen, zurückzuweisen, Entbehrungen zuzumuten, aufgeben. Das Ergebnis wäre, durch die Beelterung oral nachversorgt worden zu sein und neue Mütterlichkeit verinnerlichen zu können, ein Verhalten, das andere Menschen (Partner und Kinder) nicht mehr oral schwächt, sondern das spendet, zuwendet und sich auf andere konzentriert. Die Wunden von «Zu-wenig-Mutter», von «falscher Mutter» sind geheilt. Die Menschen brauchen sich nicht mehr in Zerfleischungsbeziehungen zu winden, in denen jeder dem anderen seine Mutter um die Ohren haut und auf der Lauer liegt, wann im anderen die versagende Mutter zum Vorschein kommt.

Die Beelterung ist eine Regreßtherapie, Heilung der Lebensanfangsschmerzen, Neuanlegung des oralen Fundamentes. Dem Menschen, dem es gelingt, sich aspekt- und phasenweise ins Kind fallen zu lassen, verschwinden vorübergehend die genitalen Bedürfnisse, weil die oralen Vorrang haben. Die oralen Prozesse konzentrieren alle Energien auf den Mund. Das Geschlecht setzt aus. Dieses Verschwinden von Genitalität geschieht aus oraler Zufuhr, unterscheidet sich vom geschlechtlichen Ermatten im Vorgang der Oralisierung = orale Bedürfnisansteigung, zunehmende Entbehrung, Mutterversagungswiederholung. Die orale Sättigung braucht Zeit, bis sie sich genital niederschlägt. Die René Spitzschen Babys wurden nach ein paar Monaten oraler Befriedigung genital tätig. So ist es auch beim Erwachsenen.

Das Geschehen der Beelterung verlangt nach Märchen – für jeden Menschen eine gute Fee, die ihn bemuttert. Jeder verarmte Mund möchte vertrauensvoll sich öffnen, jeder Mensch möchte seine Kinderhoffnung erfüllt bekommen, die Nährung seiner Seele und die Bestätigung seiner Existenz erhalten. Die Zeitgenossen sind oral maßlos. Jeder schiebt sein Säuglingsein unter Partner, verlangt Verständnis und Zärtlichkeit – die milden Verhaltensweisen der vollkommenen Geneigtheit – vom anderen, klagt mit ihnen vom Gefährten «Mutter» ein, die er im ersten Lebensanlauf nicht genug bekommen hat. Selber gute Fee kann und will niemand sein, weil sich die Menschen zu sehr mit ihren versagenden Müttern identifiziert haben.

Die realen gesellschaftlichen Verhältnisse sind nicht Märchen. Aber sie sind auch nicht so verbarrikadiert, daß die Wunden des Ausgangspunktes nicht teilweise und allmählich geheilt werden könnten. Nur die Hoffnung ist irreal, daß eine Zweierbeziehung mit einemmal die Unmütterlichkeit des Lebensanfangs in Mutterfülle umwandelte. Der erwachsene Partner kann jedoch versuchen, für den anderen Mutter zu sein, und ebenso kann er sich fallen lassen und vom anderen Mütterlichkeit erwarten. Es ist wahrscheinlich, daß *eine* Zweierbeziehung nicht den ganzen oralen Mangel beheben kann und daß die Mängelkorrekturen nicht immer für beide Partner gleich befriedigend gelingen. Es ist deshalb wichtig, eine Beziehung nicht von vornherein als absolut und lebenslänglich anzusetzen. Die Möglichkeit besteht, daß in *einer* Beziehung alle frühen Leiden korrigiert werden. Aber das ist die Ausnahme. Die Regel: eine Beziehung füllt nur teilweise das Defizit auf oder ist nur für *einen* Partner spendend, nur einer geht ins Kind, der andere soll und muß erwachsen sein, kann in dieser Konstellation nicht Kind werden, dafür in der nächsten.

Daß die Zweierbeziehung immer noch so selten für die Befriedigung der oralen Bedürfnisse und für die Belebung der genitalen Fähigkeiten einsetzbar ist, liegt an drei faßbaren gesellschaftlichen Vorkommnissen: der sogenannten Sexwelle, den Geschlechterrollen und den Arbeitsbedingungen.

1. Die Genitalität ist aus dem Zusammenhang der menschlichen Bedürfnisse gerissen worden.

Es war für Sigmund Freud 1905 historisch unerläßlich, alle Aufmerksamkeit seiner Zeitgenossen auf Genitalität zu lenken. Das Politikum seiner These war, zu sagen, die Genitalität sei *der* Trieb des Menschen, denn die Gesellschaft befand sich im 19. Jahrhundert auf dem Höhepunkt genitaler Unterdrückung. Freuds Libidotheorie griff in die gesellschaftliche Unterdrückungspraxis ein. Die Situation am Ende des 20. Jahrhunderts ist anders. «Die Genitalität ist alles», sagt heute die Sexindustrie. Diese Theorie lockt die Menschen längst auf eine falsche Fährte: Geschlechtlich lustvolle Praxis zwischen zwei Menschen sei Grundlage für eine Beziehung.

Der Kampf vor hundert Jahren ging darum, geschlechtliche Praxis in die üblichen Erfahrungen der Menschen einzubeziehen, sie aus dem Joch der lebenslänglichen Ehe zu befreien.

Die bürgerliche Klasse kämpfte vor zweihundert Jahren gegen die feudalistischen Gepflogenheiten, Beziehungen auf Grund von Standesverbindungen, von wirtschaftlichen und politischen Interessen, von Zusammenarbeits- und Fortpflanzungsnotwendigkeiten einzugehen. Friedrich Schiller kämpfte mit «Luise Miller» für die Freiheit geschlechtlicher Liebe, die jenseits von allen anderen Interessen der Anlaß eines Paarzusammenschlusses sein sollte.

Das Problem der allmählich total werdenden Mutterausräumung gab es zu Schillers, sogar zu Freuds Zeiten noch nicht. Die Freudsche Konstruktion aufrechtzuerhalten, hieße, Menschen heute damit zu schinden, womit sie vor fast hundert Jahren befreit werden sollten. Denn sie müssen erleben, wie sie massenhaft daran scheitern, wenn sie «aus Liebe», aus dem Motiv geschlechtlicher Anziehung eine Verbindung eingehen. Sie haben keine geschlechtlichen Kräfte mehr, um Geschlechtsbeziehungen dauerhaft befriedigend zu gestalten. Libido ist deshalb nicht mehr eine genital, sondern eine oral ernst zu nehmende Kraft. Die Genitalität ist nur eine sekundäre, von oraler Libido abgeleitete Bewegung.

Die Seele des Menschen ist so vielfältig, daß etwas über sie Ausgesagtes nie ein für alle Zeiten unumstößliches Gesetz werden kann. Die seelischen Bedingungen stehen im Verhältnis zu den politisch-gesellschaftlichen Bedingungen. Die waren vor hundert Jahren anders und werden in hundert Jahren anders sein, wodurch sich die hier getroffene Feststellung von der souveränen Oralität und der abgeleiteten Genitalität wieder modifizieren kann. Heute ist sie Realität.

Die Menschen stehen vor einer Wende, die Art der Beziehungsanknüpfung wieder zu verändern. Als Voraussetzung, eine Beziehung einzugehen, wird nicht mehr geschlechtliche Liebe, sondern eltern-kind-ähnliche Liebe sein. Es ist schon heute so, daß aus geschlechtlichen Interessen eine enge Zwei-Personen-Lebens- und Wohngemeinschaft nicht mehr gegründet wird. Geschlechtliche Praxis ist überall möglich. Es müssen nicht mehr Ehen eingegangen werden, um an geschlechtlichem Leben unbehelligt teilnehmen zu können. Die Motive zur Knüpfung einer langen, engen Beziehung sind heute oral, erscheinen aber noch genital. Orale Bedürfnisse werden weder erkannt, noch eingestanden, noch befriedigt. Darin liegt das Beziehungsleid der Zeit.

2. Die Beziehung zwischen Frau und Mann mit Arbeitsteilung und Geschlechtsrollentrennung geht heute so gut wie automatisch in die Oralisierung.

Berufstätiger, außer Wohnung arbeitender Mann und Haus-, in der Wohnung arbeitende Frau verbinden sich zur Dauerbeziehung und erleben alsbaldigen Nachlaß geschlechtlicher Anziehung, ansteigende orale Erwartung, Nichterfüllung der oralen Bedürfnisse, Unbefriedigtheit der genitalen Bedürfnisse, bleibende Bindung, allmähliche Zermürbung.

Sigmund Freud beobachtete das Auseinandergehen der oralen und genitalen Bedürfnisse schon Anfang des 20. Jahrhunderts: «... die zärtliche und die sinnliche Strömung sind bei den wenigsten unter den Gebildeten gehörig miteinander verschmolzen» [8]. Er dachte, die Verschmelzung der oral-zärtlichen mit der genital-sinnlichen Strömung sei eine Kulturleistung, die die «wenigsten» vollbrächten. Es geschieht das Gegenteil: ein Strömungszerfall, der erst in einer Paarbeziehung ausgelöst wird. In der Zweierbeziehung steigen die zärtlichen und sinken die sinnlichen Bedürfnisse. Die Begründung dieses Geschehens wird immer wieder in der Dauer der Beziehung gesucht, als sei das Geschlecht etwas, das langweilig würde, das sich abnutzte und eintagsfliegen-alterte, während Zärtlichkeit nur immer anwachse und dann ewig lebte.

Freud versuchte, das Ereignis mit der Mutter-Hure-Trennung im Begierdeschema des Mannes zu erklären. Der Mann erlebe die Ehefrau als Mutter, mit der er nicht schlafen dürfe. Die außereheliche Geliebte, Freundin, Prostituierte sei Nichtmutter und könne begehrt werden. Freud setzt seine oben zitierte Bemerkung fort: «... fast immer fühlt sich der Mann in seiner sexuellen Betätigung durch den Respekt vor dem Weibe beengt und entwickelt seine volle Potenz erst, wenn er ein erniedrigtes Sexualobjekt vor sich hat.» [8]

Das Abflauen der genital-sinnlichen Strömung in der Ehe geschieht nicht aus Respekt. Im Rollenschema «Berufs-Ehe-Mann und Wohnungs-Ehe-Frau» muß sich die Frau alsbald so verhalten, wie sich die Mutter des Mannes verhalten hat: oral versagend anstatt spendend. Die Begierde des Ehemannes bricht zusammen, weil die Ehefrau sein orales Defizit vorantreibt und nicht, weil sie es behebt.

Oral befriedigend ist die Zuwendung einer abgegrenzten Person, die selber Zuwendung erfahren hat. Die Hausfrau erfüllt diese Erfordernisse nicht. Sie unterliegt der allgemeinen Menschheitstendenz, daß sich das orale Defizit von Generation zu Generation vergrößert. Hinzu kommt ihre besondere Rollenschwierigkeit.

Oral befriedigen kann nur eine selbständige Person.

Die Wohnungsfrau ist nicht selbständig. Sie hat weder finanzielle noch berufliche Unabhängigkeit vom Mann. Sie erscheint nur als Mutter. Ständige Rede und allgemeine Meinung gehen davon aus, daß die Frau den Mann bemuttert, ihm oral gibt. Der Mann erwartet das von seiner Frau. Aber die Wohnungsfrau ist in Wirklichkeit das Kind des Mannes und braucht *dessen* orale Kapazität. Die Frau mit den vier gesellschaftlichen Belastungen ist orales Zuschußobjekt und nicht orales Zuwendungssubjekt. Die Frau erhofft sich Halt vom Mann und von den Wohnungsfunktionen. Die Mutterrolle gibt der Frau Zuwendung, und nicht die Frau gibt Zuwendung. Unter dem Mantel von Wohnungsfunktionen und Mutterrolle kindelt die Frau in der herkömmlichen Ehe ein.

Das Modell des Berufsmannes und der Wohnungsfrau, in dem geschlechtliches Leben gut funktionieren soll, richtet ihm erst alle Schwierigkeiten ein. Die außereheliche Frau hat Souveränität. Der Mann «kann» bei ihr wieder, weil sie spendet. Sogar die Hure ist trotz Kurzweil des Kontaktes mehr spendende Mutter als manche Mutter zu Hause. Sie lobt den Mann, lockt ihn heran, deutet ihm ihre eigene Begierde auf ihn an, redet mit ihm. Immer wieder beteuern Prostituierte, daß Männer bei ihnen das Gespräch suchen, die Bestätigung. «Du bist gut, du machst es gut», mag sich noch so sehr auf genitale Qualitäten des Mannes beziehen, sie kommen bei ihm oral an. «Du bist gut, du bist besser als alle anderen, ich weiß es, ich habe den Überblick.» Das sind Sätze, die Babywonneschauer hervorlocken, die die entkräftete, vereinsamte, erfahrungslose Wohnungsfrau kaum noch bereiten kann.

Dem Geschlecht geht es in der Ehe besser, wenn die Frau eine eigene Tätigkeit außer der Wohnung hat. Das Orale braucht für sein Gelingen beim Gebenden Kraft und Eigenständigkeit, beim Nehmenden Achtung. Es ist umgekehrt als Freud es sich dachte. Der Mann hat vor seiner von ihm abgeleiteten und abhängigen Ehefrau keinen Respekt; die angeblich verachtete Hure bewundert er wegen ihrer Frechheit, Ungeniertheit, Direktheit. Wenn die Ehefrau spendete, würde der Ehemann sie geschlechtlich begehren. Wenn die Wohnungsfrau gute, was heißt, oral befriedigende Mutter wäre, würde der Ehemann sie lieben. Jede geschlechtliche Liebe ist Mutter-Kind-Nachspielung, Wiederbelebung der frühen Leibesinnigkeit. Vereinigung mit dem Partner wiederholt die Vereinigung mit der Mutter. Wenn die Vereinigung mit der Mutter kaum geschah, wenn Nähe und Fülle sich in Entbehrung und Verlust verwandelten, ist die Ehefrau für den Ehemann nicht Mutter, sondern Nachspielerin der Mutterentbehrungen. Die Liebe unter den Menschen schwindet mit der kulturellen Mutterverarmung.

Die geschlechtliche Misere wird auch in sogenannten Emanzipationsbeziehungen fortgesetzt. Frauen sind zu lange mit Mutteranforderungen gepeinigt worden. Sie verweigern Mütterlichkeit. Sie wollen nicht mehr Boden und Hort des Mannes sein, auf daß der seine Kräfte immer wieder und immer mehr zu schädlichen gesellschaftlichen Taten benutzt. Sie wollen nicht mehr achten, anbeten, sich hingeben und aufopfern. Vor allem verlangen sie Orales vom Mann. *Er* soll zuwenden, kräftigen, bestätigen. Die jahrhundertelange Überforderung der Mutter ließ die Frauen unmütterlich werden. Ihre Mutterverweigerung ist allgemein und historisch notwendig. In jeder Beziehung wirkt sich aber verheerend aus, wenn ein Mensch dem anderen Bestätigung, Stützung und Förderung versagt. Die Mütterlichkeit auch in einer Beziehung zu verweigern, hilft Frauen nicht bei ihrer Emanzipation. Denn sie bleiben mutterfestgelegt, weil ihre Männer sie nun nicht als gute, sondern in Mutterübertragung als versagende Mütter halluzinieren.

Das orale Defizit haben auch Frauen. Sie bekommen es in den Beziehungen durch Männerverhalten verstärkt. Oralisieren bedeutet für Frauen, frigide zu werden. Männer können heute oral besser spenden als Frauen. Sie sind souverän, können sich abgrenzen und zuwenden. Aber sie wollen Mütterlichkeit nur von Frauen haben und sie ihnen nicht geben. Für ihr eigenes Verhalten ist Mütterlichkeit tabu. Männerrolle und Mütterlichkeit sollen in der patriarchalischen Gesellschaft die grundsätzlichen Unvereinbarkeiten sein. Frauen bemerken ihr Oralisieren nicht so schnell wie Männer. Voranschreitender oraler Mangel macht Männer meist impotent oder verschafft ihnen Orgasmusschwierigkeiten. Frauen sollen von ihrer Geschlechtsrolle her aufnahmefähig sein und weiter nichts. Die Potenz ihrer Klitoris wird noch zu wenig als ihr besonderes geschlechtliches Merkmal anerkannt. Ermattende Geschlechtlichkeit erweist sich bei Frauen in siechender Klitorisempfindlichkeit. Für die Frau bedeutet die Anstrengung um ein befriedigendes Geschlechtsleben auch Ringen mit dem Mann um Mütterlichkeit. Wenn der Mann eine Beelterung der Frau ablehnt, bleibt die alte Rollenverteilung bestehen. Die Frau wird sich immer wieder zur Beelterung an ihren Kindern vergreifen. Sie wird sich gegenüber ihren Kindern anstatt gebend nehmend, sie wird sich erwartend und versagend verhalten und dadurch das orale Defizit bei der nächsten Generation vorantreiben.

Wenn Männer den Frauen Oralität verweigern, wird Genitalität ihnen keine Freude bereiten. Sie werden sich immer wieder zerreißen, werden bei einer Hauptfrau oralisieren, von der sie Mutter erhoffen, die sie nicht bekommen, werden sich auf sie fixieren, genital mit ihr mechanisch praktizieren oder ihr gegenüber ganz erlöschen, oftmals sich eine Nebenbeziehung anlegen und zwischen beiden Frauen emotional hin- und herhetzen.

Die Single- oder Alleinlebensweise ist ein Versuch, den Schwierigkeiten in der Zweierbeziehung zu entkommen. Verschiedene Wohnungen zu haben, verhindert die Oralisierung, dämpft den Mutteranspruch, erfordert kaum Einsatz an Mütterlichkeit. Alleinleben ist wie Verschnaufpause bei den Anstrengungen, die oralen und die genitalen Bedürfnisse in Einklang zu bekommen. Es vermeidet das Problem, löst es aber nicht. Ohne Lebens- und Wohnungsbeziehung bricht das orale Verlangen nicht aus, läßt sich aber auch Beelterung kaum durchführen. Alleinleben ist jedoch besser als in einer Zweierbeziehung zu leben, die daueroralisiert ist. Denn orale Unbefriedigung und genitale Glücklosigkeit bedeuten Stagnation.

3. Die Fähigkeit zur Verschaffung oraler Befriedigung setzt Identität der Person voraus.

Als der Bereich der Frauen noch einigermaßen von ihnen autonom verwaltet wurde, hatten sie durch ihre zugewiesenen, gesellschaftlich noch bedeutenden Funktionen Identität, aus der sie einige Kraft für orale Befriedigung anderer ziehen konnten. Heute gibt die arbeitende

Tätigkeit nahezu keinem Menschen mehr Identität. Die Wohnungsfrau gilt gesellschaftlich als bedeutungslos. Es gibt keinen Titel «Doktor Mutter», kein Bundesverdienstkreuz für gute Haushaltsführung, für Wohnungsapparatebedienung. Wenn die Frau unter Männern außen arbeitet, hat sie durch diese Tätigkeit meist noch keine Identität. Die erhebliche Gesellschaftsarbeit wird nur von Männern verlangt, nur ihnen wird dafür Identität versprochen, ermöglicht und gegeben. Frauen müssen sich gesellschaftlich wichtige Arbeit rollengrenzüberschreitend ertrotzen und erschleichen, müssen sie inmitten von Männern nach Männerregeln verrichten, so daß sie als Frau dabei noch immer schwer identisch werden.

Die Berufsarbeit ist allgemein so personen-entrückt, daß aus dem Umgang mit Apparaten, Instrumenten und Vorgängen auch Männer kaum Identität beziehen können. Die fremd gewordene Arbeit gibt fast keinem Mann mehr die Möglichkeit zu sagen: «Das bin ich, das habe ich gemacht.»

«Oral» heißt im gesellschaftlichen Leben der Erwachsenen Bestätigung für ihr sinnvolles Tun, für ihr befriedigendes Machen. «Oral» faßt den Katalog von «Streicheleinheiten» zusammen, die sich Menschen untereinander zukommen lassen. Die unfaßbare, entpersönlichte Arbeit bestätigt Menschen nicht mehr. Die Arbeitskollektive hetzen ihre Apparatbedienungen herunter, lassen ihren Mitgliedern weder Zeit noch Kraft, einander zu streicheln. Die Menschen pumpen sich im Berufsleben aus. Vorgänge schlucken ihre Zuwendung. In Wohnung und Beziehung kommen sie am Abend an, oral aufs Äußerste entkräftet, wünschen sich, daß der Partner alle seine Warmwasserhähne entspannender Mütterlichkeit aufdreht und ihnen in einem Bad wohliger Geborgenheit neue Lebensgrundsatzenergien zuführt. Der Partner ist aber ebenso oral beraubt, ob er außen oder innen gearbeitet hat.

Das Orale ist aus dem Leben eines Erwachsenen fast verschwunden. Zwischen Apparaten-Arbeits-Tag und Trabanten-Wohnungs-Abend pendeln Männer und immer mehr Frauen von Künstlichkeit zu Kargheit. Dünn, dürftig, langweilig, trocken. Nichts nährt, niemand herzt. Auch die Riten sterben aus, Feste, Feiertage schwinden, die Lust an der Wiederkehr erlischt.

Bleibt die Trauer darüber, wie Menschen sich anschreien und zerfleischen, weil ihnen ihr letztes Quentchen Gebefähigkeit herausgepreßt worden ist. Die Zweierbeziehung kann nur Mutter-Kind nachspielen, wenn sie von außen gestützt wird, wenn wenigstens einer der Partner Zugang zu einer Stelle oraler Sättigung hat, wo er bestätigt und gestreichelt wird.

Die zivilisierte Arbeit gibt orale Befriedigung so gut wie nirgendwo mehr. Auf der Suche nach Bestätigung und Geborgenheit haben Wohngemeinschaften und ähnliche Gruppenzusammenschlüsse eine wichtige Bedeutung bekommen. Wohn-, Arbeits-, Problem- und therapeutische Gruppen machen orale Energien frei, beleben die oral leicht zu entkräftende Zweierbeziehung, befreien das Paar aus seiner Isolierung, die ihm mit Sicherheit auf die Dauer die Mutter-Kind-Prozesse unmöglich macht. Die Gruppe stützt die Zweierbeziehung und befriedigt dem einzelnen die gröbsten oralen Bedürfnisse, gibt ihm Wärme und Schutz durch menschliche Teilnahme und Anwesenheit. Die Gruppe ist eine wesentliche Rekonstruktion oraler Umgangsformen, die früher durch Sippe und Großfamilie, durch Viel-Personen-Lebensweisen gesichert waren.

Die Krankheiten im Paradies

Die Bemühungen um die Belebung des Geschlechts und um die Erfüllung des Mundes geschehen nicht nur für Glück und Zufriedenheit des einzelnen. Sie sind Ausdruck des Sträubens gegen die Verhältnisse der Vätergesellschaft.

Unbefriedigte frühe Mundlust und unlebbare Geschlechtlichkeit haben Folgen, die die Väter zur Funktionierung ihrer Gesellschaft brauchen und die den Menschen Leiden neuer Art bereiten.

Das orale Defizit ist für die väterliche Wirtschaftsgesellschaft eine Kapazität, ohne die sie nicht mehr existieren könnte. Damit sich orales Nachholbedürfnis unbefriedigbar festsetzt, treibt sie den Mutterschwund voran, fördert die Unmütterlichkeit der Zivilisationsverhältnisse und die Entmutterung der Lebensweisen.

Das orale Defizit schafft die Fähigkeit zu Konsum. Die gestörte Mundzeit der Industrienation-Menschen hinterläßt in ihnen die Bereitschaft, ununterbrochen aufzunehmen. Der unglückliche Mund reißt auf, wird uferlos, füllt, schluckt, was reinkommt. Alle Sinnesorgane werden Mund. Ohren schlucken Geräusche, zu jeder Gelegenheit Musik, Augen schlucken Reize, Eindrücke Tag und Nacht, während der Arbeit, während der Entspannung am Fernseher, während des Urlaubs auf Reisen. Nasen nehmen alles auf, was Industrie an sie heranschwefelt. Die Fähigkeit der 20.-Jahrhundert-Menschen, aufzunehmen, und ihre Unersättlichkeit, sich vollzufüllen, wären ohne ihr orales Defizit undenkbar. Überall Zapfstellen, Kunstbrüste der Technik, an die sich Menschen hängen, um zu saugen, was Industriekanäle ihnen zuführen. Das Wichtigste: aus Saugen und der Lust nach Mutter wird Kaufen. Auch Hände werden Mund, greifen, schnappen, wühlen. Kaufhaus und Supermarkt sind Mutter und nochmals Mutter. Warenangebote lächeln Daseinsfreude. Da zieht es Menschen nun hin, sich zu holen, was sie ununterbrochen nicht brauchen. Ihre Kaufsucht wird angestachelt von ihrer Verschleißwilligkeit. Alles Alte muß weg, um Platz zu machen für neue Einfülltätigkeit. Das Gebaren erinnert an einen überhungerten Säugling, der in sich rafft, was er kriegen kann, was er nicht kriegen konnte: essen, trinken, schlucken, füllen, aufnehmen, einsaugen. Das orale Defizit soll nicht mit Menschen gestillt, sondern mit Waren und Eindrücken gestopft werden. Konsum ist Morphium für die orale Strapaze, nicht ihre Therapie. Morphium verlangt nach Morphium, Konsum verlangt nach Konsum.

Die Anschließung des kranken Mundes an Waren macht den Menschen unersättlich auf Waren und unfähig für Menschen. Der Satz «Die Menschen haben alles» ist falsch. Der Mensch, isoliert vom Menschen, hat nichts. Die Fähigkeit für Waren und die Unfähigkeit für Menschen haben so zugenommen, daß Menschen gar keine Beziehungen mehr eingehen wollen und können, um ihr orales Defizit im Wege der Beelterung zu heilen. Alleinsein heißt dann: Vereint sein mit den vielen Wirtschaftsunternehmen, die in die aufnahmebedürftige Existenz Reize, Geräusche, Leistungen und Waren hineinpumpen.

Soviel Mutter, wie ein verkaufendes Unternehmen anbietet, hat kein Mensch mehr für den anderen. Der orale Anschluß der Menschen an die gesellschaftlichen Einrichtungen wird allmählich total. Ein übergreifendes Wort für die Befriedigung aller Unbefriedigtheiten: «Versorgung». Kassen, Versicherungen, Renten. Das Leben soll versorgend und sicher werden wie die Mutterkuhle zwischen Brust und Arm.

Die Menschen verlieren die Energie. Sie meinen es oder reden es einander ein, daß sie in permanenter Energiekrise leben.

Das Wort «Energie» hat eine doppelte Bedeutung: Es wird für die persönliche Energie, die Menschen brauchen, und für die technische Energie, die Apparate brauchen, benutzt. Es besteht auch ein Zusammenhang zwischen den beiden Energien. Die Energie der Menschen ist ihre Lebensquelle, angelegt in ihrer ersten Zeit. Der Mutterschwund läßt die Quelle verkümmern.

Die Menschen wollen den Mangel an persönlicher Energie aufgefüllt bekommen mit technischer Energie. Die Auflösung der natürlichen Mutter trieb die Suche nach künstlicher Mütterlichkeit tief in Materie, bis in den Kern hinein. Das Kernkraftwerk wird als spendende Mutter dargestellt – einmal da, und die Menschen bekommen ohne Gegenleistung billig, profitabel und kapazitätsreich Energie zugeführt. Mit dem Atomkraftwerk soll der Versorgungsanschluß des Menschen an die Wirtschaft total gemacht werden. Väterparadies als Atom-zu-Mund-Strom zwischen Industrie und Mensch.

Daß das Schlaraffenland, welches die Väter mit Wirtschaft eingerichtet haben, falsch ist, beweisen die Menschen mit ihren Krankheiten. Das Paradies ist ein Angebot an unlebbarem Leben. «Paradies» ist ein Verschleierungsbegriff. Wenn die Menschen mit den gegenwärtigen Paradieszuständen glücklich wären, wären sie gesund. Sie haben aber drei Grundsatzkrankheiten, mit denen sie schweigend gegen das Väterparadies anleiden: Sucht, Depression und Krebs. Das sind Krankheiten, die aus dem oralen Defizit entstehen und mit keiner Warenfüllung, mit keiner Versorgungsleistung besänftigt werden können.

Jede Zeit hat ihre Krankheiten. Die heutigen drei großen Krankheiten unterscheiden sich deutlich von allen früheren. Die herkömmlichen Krankheiten waren Kontakt- oder sogenannte Ansteckungskrankheiten. Es gab Erreger, transportiert zwischen Mensch und

Mensch oder zwischen Mensch und Tier. Kontaktkrankheiten wie Pest, Tbc, Syphilis, Gelbsucht, Aussatz, Kindbettfieber... setzen Kontakt voraus. Kontaktkrankheiten entstehen durch krankmachenden Kontakt. Das erweist sich wieder bei Aids, der jüngsten Geschlechtskrankheit. Ihre Verbreitung ist ein Anzeichen für die beschädigte Genitalität. Das Territorium des Umsichgreifens dieser Krankheit ist die von Liebe abgespalten vollzogene Geschlechtlichkeit. Von der Porno- und Werbungsindustrie aufgeputschte und von ihren Eltern gebundene Menschen irrlichtern mit ihrer Schnittblumengeilheit umher. Sie benutzen ihre Geschlechtsorgane ohne Wurzel personalen Begehrens nicht mehr für den dramatischen Ausdruck individueller erotischer Anziehung. Das ungeheure Aufhebens, das um Aids gemacht wird, zeigt, wie hysterisch die Männergesellschaft bei Krankheiten der Genitalität reagiert. Die zu beklagenden Todesfälle durch Aids stehen – vergleichbar zum Ausmaß der Beschäftigung mit dieser Krankheit – in keinem Verhältnis zu den Leidens- und Todesfällen der oralen Krankheiten Sucht, Depression und Krebs. An Aids starben auf der ganzen Welt Tausende, in Deutschland ein paar Hundert, an Krebs starben viele Millionen, an Sucht und Depression leiden ebenfalls Millionen und sterben an Ursachen, die mit diesen Krankheiten in Verbindung stehen.

Sucht, Depression und Krebs sind keine Übertragungs-, sondern Entwicklungskrankheiten. Es ist bei den erkrankten Menschen etwas schief gelaufen. Ihr Leben geht für sie kaum merklich an ihren Lebensinteressen vorbei. Das drücken sie mit ihren verbreitetsten Krankheiten deutlich ratlos aus. Die Wissenschaftsväter, die noch nach einem Erreger des Krebses suchen, werden nie einen solchen finden. Die Krankheitsbilder weisen immer wieder auf dasselbe hin: falscher Ausgangspunkt, ungünstiger Lebensanfang. Die Menschen schwanken mit den drei Krankheiten zwischen oralen und genitalen Problemen hin und her. Die Leiden sind Zeugnisse der mißlungenen und mißlingenden Kommunikation.

Sandor Rado entdeckte, daß es ein Anzeichen für geglückte orale Zeit gibt, den oralen oder «alimentären» Orgasmus[9], das heißt, einen Wohlbefindlichkeitshöhepunkt bei der Sättigung mit Nahrung und Zuwendung. Ein Säugling sinkt nach oraler Befriedigung genauso lustvoll gestillt in den Schlaf wie ein herangewachsener Mensch nach genitaler Befriedigung. Die Wohlbefindlichkeitshöhepunkte oraler und genitaler Herkunft haben eine wesentliche Lebensfunktion für den Organismus. Bewußt erlebte Lust steht mit der Pflege aller Organe in Zusammenhang. Sigmund Freud nannte den Vorgang «Chemismus»[10]. Ein biochemischer Zusammenhang besteht zwischen den Räuschen oder Orgasmen und der durch sie hervorgerufenen energiezuführenden Anspornung der inneren Organe. Statt «biochemisch» könnte es auch «psychochemisch» heißen, denn die frühen Räusche der glücklichen Mundzeit werden immer auch ausgelöst durch die seelischen Energien, die von der Pflegeperson zum Kind entfaltet werden. Kommunikationslust bringt seelische Lust. Die oralen Orgasmen sind eine Einheit von psychisch-biochemischen Vorgängen, ausgelöst durch zufriedene erste Zwischenmenschlichkeit. Orale Orgasmen werden, wie René Spitz es beobachtet hat, schon früh zu genitalen Orgasmen.

Durch den kulturell verbreiteten Mutterschwund, durch den Mangel in den Beziehungen zwischen kleinem Kind und früher Pflegeperson, können die oralen Orgasmen kaum oder nur noch flach erlebt werden. Der oral lustvolle Sättigungszustand kann wegen der voranschreitenden Mutterschwierigkeiten nicht mehr erreicht werden.

In der Suchterkrankung strebt der Mensch nach dem Erlebnis des frühen Orgasmus. Der Rauschzustand durch Gifte ähnelt dem Wohlgefühl, das der Säugling nach der oralen Befriedigung erleben würde. Es ist dafür gleichgültig, ob der orale Orgasmus durch Alkohol, eingenommene Mittel oder gespritzte Drogen erreicht wird. Die Sucht ist als «Abhängigkeit» definiert worden. Absolut abhängig ist nur der Säugling. Die Abhängigkeit verschiebt sich beim Süchtigen von der Mutter – von geglückter Zwischenmenschlichkeit – zum Rauschmittel. Das Mittel, dem gegenüber der Mensch abhängig ist, gibt gutes Selbstgefühl, Einvernehmen mit seinem Inneren und ein direktes, nahes Verhältnis zu Menschen, macht kontaktfähig nach außen. Und immer wieder bringt es Vergessen der Realität, die Erwachsensein heißt, für den Süchtigen aber Abgeschlossenheit bedeutet, Verlassenheit und Lustlosigkeit. Das Mittel macht Kind aus Mensch, öffnet, vereint, bringt Lust. Aber das Mittel ist nicht Mutter, die mit den frühen Räuschen Leben gibt, sondern ist Ersatz, der in den Tod treibt. Die Heilung wäre neue Mutter, Auslöschen der alten, wären orale Orgasmen durch nährenden Menschen-Kontakt.

Sucht, Depression und Krebs greifen in ihren Schadensbildern ineinander. Die Süchtigen sind depressiv, wollen sich mit putschenden Mitteln aus der Depression befreien. Depression macht mehr das Seelische zum Aktionsschauplatz, der Krebs mehr das Körperliche. Krebs- und depressionserkrankte Menschen äußern sich bei psychologischen Testfragen ähnlich. Ihre Lebenshaltung ist gekennzeichnet von Hoffnungs- und Perspektivelosigkeit.

Die Depression ist immer verunmöglichte Aktion. Die Menschen agieren allgemein nicht mehr untereinander. Nächstenfreundliche und -feindliche Handlungen, Liebkosungen und Tätlichkeiten schwinden. Noch schlimmer: die Gefühle treten weg; Freude, Ärger, Bejahung und Ablehnung werden ausgeblendet, bis die unterlassenen Lust- und Unlusthandlungen und die nicht registrierten Lust- und Unlustgefühle wuchern, faulen und den Menschen von innen überschwemmen. Nicht zu handeln, nicht zu fühlen, ist nur möglich, wenn zu handeln und zu fühlen in der ersten Zeit nicht gelernt, wenn das, was Mutter handelte und fühlte, vom Kind ausgeblendet werden mußte, weil es mit all seinen Lebensinteressen unvereinbar war. Wo Lust entstehen sollte als Gegengabe für lebensbejahende Handlungen und Gefühle, entsteht ein Krater als Reaktion auf lebensablehnende Handlungen und Gefühle. In diesen Krater – in dieses «Loch», wie Günter Ammon es nennt[11] – fällt der Mensch während seiner Depression immer dann, wenn Handlungen und Gefühle anfallen, nicht getan und nicht gefühlt werden. So treibt die Krankheit den Leidenden aus dem menschlichen Kontakt. Als Hauptschaden der 20.-Jahrhundert-Menschen ist Depressivität verantwortlich für die Tendenz zu schwindenden weniger Kontakt und Gefühl. Wenn sie immer weniger handeln und fühlen können, wollen die Menschen immer weniger mit Handlungen und Gefühlen anderer konfrontiert werden. Kommunikation stirbt ab.

Der Krebs ist eine Depression der Zellen. Er maskiert sich in dem Gewand von Belastungen durch Stoffe und von Schwierigkeiten mit Personen. Umwelteinwirkungen durch organismusfeindliche Stoffe scheinen ihn hervorzurufen, Belastungen durch Kommunikation scheinen ihn auszulösen. Der Mensch, der zum Krebs siecht, ist noch komplizierter in seiner frühen Zeit gestört als der, der süchtig oder depressiv ist. Die Sucht und die Depression werden als Leid empfunden. Gefühle und Handlungen, die sie verhindern könnten, fehlen.

Der Krebs ist Repräsentant von falschen Gefühlen und falschen Handlungen. Menschen tun (arbeiten, lieben) und fühlen etwas, was sie als zu ihnen gehörig nicht tun und nicht fühlen wollen (sollten), es aber nicht bemerken, daß sie es nicht wollen. Sie haben für ihr Tun und ihre Gefühle nicht die erwachsene Kapazität, die sie für sich haben müßten. Krebserkrankte erscheinen erwachsen, leben in Kommunikation mit Genitalität, aber ihr Leben geht um Grade an dem vorbei, was sie tun und fühlen. Sucht- und Depressionserkrankte zeigen ihr orales Defizit, Krebserkrankte tun das nicht. Die Süchtigen beweisen deutlich ihren Hang zum Oralen mit ihren Techniken, sich zu schaden, sich orale Lüste zu verschaffen. Die Depressiven geben ihre Hilflosigkeit zu, verschwimmen, können kein spendendes Objekt erfassen, was sie brauchten, um gesund zu werden, fallen in die Bodenlosigkeit von frühem Muttermangel und aktuellem Personmangel. Depression und Sucht weisen auf den Muttermangel hin. Süchtige und Depressive stellen sich als falsch gewordene Kinder dar, die zurückwollen und nicht vorwärts können. Die Depression, wenn auch vom Erwachsenen als Strukturzerfall negativ erfahren, ist ein frühkindlicher Zustand. Nicht präzise fühlen, nicht handeln können, ist eine Situation des Kleinkindes. Die Krebskranken spielen Erwachsenheit in der Gesellschaft und mit dem Geschlecht, täuschen sich und andere. Alles scheint richtig zu sein. Alles scheint richtig gewesen zu sein. Sie lieben sich auf eine besondere Weise nicht: Sie bemerken sich nicht. Sich nicht bemerken zu können, ist die Folge, nicht bemerkt, nicht geliebt worden zu sein.

Sucht, Depression und Krebs sind nicht nur Krankheiten, die einige Menschen haben und andere nicht, sondern sie sind Zustände, von denen alle Zeitgenossen betroffen sind. Nur einige bauen sie als Krankheiten aus. Die Erkrankungen sind nur Eisbergspitzen, sichtbarer Teil einer Tendenz, die alle Menschen verfolgt.

Aspekte von Sucht, Depression und Krebs weisen darauf hin, daß sie Folgeerscheinungen von Mutterproblematiken sind. Die Krankheiten sind total, weder biographisch noch organisch spezifisch. Sie erstrecken sich auf das ganze Leben. Dieses Charakteristikum des Totalen ist ein Hinweis auf ihre Ursache. Total ist nur die erste Mutter-Kind-Zeit. Klinikaufenthalte erleichtern die Zustände, Entlassungen verschärfen sie. Die Klinik ist aspektweise Mutter, ermöglicht in Akzenten Beelterung, die die Leiden lindert.

Sucht, Depression und Krebs entstehen aus extrem oralem Defizit. Die Sucht macht den frühen Mangel noch einfach bemerkbar. Der Mensch will Nachfüllung. Der Süchtige ist mit dem Ausdruck seines Zustandes nah am oralen Vorgang. Die Mutter neigte zu Überschwang, Entgrenzung, Kindlichkeit, Unberechenbarkeit, stopfte das Baby mit Lebensmitteln, versagte ihm aber kontinuierliche seelische Zuwendung. Der Süchtige will die Lust der Nähe einer zuwendenden Person erleben, rutscht aber immer wieder auf das Mittel, auf das Verfahren, das nur innere organische Entspannung verschafft. Der Wunsch nach seelischer Entspannung durch Kontakt geht dabei ins Leere. Die Sucht ist immer auch Verkehrung. Der Weg des Mittels wird auch dann sofort eingeschlagen, wenn Situationen seelischer Zuwendung entstehen. Vor den Kontakt wird das Trinken, Rauchen, Schlucken, Fixen wie ihn abhaltend geschoben. Die frühe Enttäuschung ist zu groß gewesen und der Weg des Mittels führt sicher in die körperliche Entspannung, die die seelische Spannung vorübergehend taub werden läßt.

Die Depression verkompliziert den Tatbestand oralen Mangels.

Der Mensch verschiebt das orale Bedürfnis, beachtet es nicht. Das Baby konnte seine Bedürfnisse nicht genug durchsetzen, bekam von allem zu wenig. Die Mutter litt an Rollenunlust. Das Baby sollte keine Schwierigkeiten machen. Seine Anspruchslosigkeit wurde belohnt. Die Mutter hatte selbst zu klagen. Als Erwachsener leistet sich der Mensch nicht, die Bedürfnisse wahrzunehmen, die er hat. Eigene Bedürfnisse wahrnehmen, heißt sich selbst Zuwendung zu geben. Das geht nur, wenn dem Menschen in früher Zeit Zuwendung entgegengebracht worden ist. Die Depression drückt aus, daß die Selbstwahrnehmung mißlungen ist. Die Bedürfnisse kommen als Verstimmung hoch. Die Depression ist der verhinderte Schrei.

Dem Krebs ist es fast gelungen, über seine Herkunft aus dem Oralen hinwegzutäuschen. Keine motorisch-aktionistische Kindnachspielung wie bei der Sucht (trinken, rauchen, kiffen, schlucken), keine seelische Reaktion wie bei der Depression. Der Krebs ist Schauspieler. Die Menschen tun so und meinen, daß sie von keiner frühen Schwierigkeit belastet seien. Unerfülltheit und Ablehnung geschahen so versteckt und auf so komplizierte Weise, daß der Erwachsene nicht mit Hilfe motorischer und psychischer Aktionen auf sie hinweisen kann. Der Krebs ist die Krankheit der Nichtbetroffenheit, als hätte die Mutter mit dem Kind nichts zu tun gehabt, sei von ihm nicht betroffen gewesen. Von Mutter zu Kind drang die Affektivität nicht durch. Die Mutter war gefühlsverhindert, behindert, verdrängte ihre eigenen Gefühle, tabuierte Gefühle zwischen sich und dem Baby. Und nun lernte das Baby, sich selbst nicht zu fühlen.

Der Lebenslauf des an Krebs erkrankten Fritz Zorn[12] war eine Geschichte der Gefühllosigkeit. Er lebte in Abschirmung von den nächsten Personen: Mutter, Vater, Bruder, schirmte sich immer mehr von sich selbst ab.

Angst, Lust, Zorn, Trauer, Unruhe, Begehren, Fülle, Hunger, Übelkeit sind Einrichtungen des Selbstschutzes, Warnsignale, Hinweiszeichen. Der Krebserkrankte ist glatt. Er stolpert nicht. Sein Weg war leer, kein Haken, keine Widersprüche.

Was Aktion und Seele nicht tun, muß die Zelle übernehmen. Beim Krebs macht erst der Körper die Störung der frühen Zeit deutlich. Die Krebszelle benimmt sich undifferenziert, unspezifisch, gibt Struktur auf. Sie verliert die Orientierung, den Kontakt zu den anderen Zellen. Sie gerät in die Isolierung, verhält sich nicht mehr im Kontext zu allen anderen. Mikro- und Makroorganismus entsprechen einander. Eine Zelle repräsentiert den ganzen Menschen. Die Krebszelle sagt etwas über den erwachsenen Menschen aus, der auf unmerkliche Weise von anderen Menschen isoliert ist, mit ihnen nicht im (Affekt-)Austausch zusammenlebt. Sie beweist ihm seinen falschen Weg von falschem Anfang.

Die zu krebsen beginnende Zelle ist nicht krank im alten Sinne. Sie wächst so schnell und undifferenziert, wie sie es tat, als sie embryonal war. Kindlichkeit wuchert gegen Erwachsenheit. Die Zelle benimmt sich wie im Mutterleib, fängt noch einmal von vorn an.

Immer wieder die Erschütterung, daß Krebserkrankte meist nicht erschüttert sind, wenn sie von ihrer Krankheit erfahren. Als ob ihr

Wieder-Embryo-Werden das Echte an ihnen, die Krankheit gar keine Krankheit ist, sondern ein Gang zurück an den Ausgangspunkt, Sucht der Zellen, Anzeichen für das Verlangen der Person nach Bemutterung, was sie sich nicht eingesteht. Die falschen Gefühle und falschen Taten drängen den Menschen körperlich: Es muß noch einmal begonnen werden.

Das Leben in der Vätergesellschaft ist so grundsätzlich falsch, daß es immer mehr Menschen passiert, zu tun und zu fühlen, was sie nicht wollen. Aber die entkräftete Ausgangsposition läßt sie ohne Widerstand gegen das falsche Gesellschaftlich-Alltägliche werden. Die sogenannte Krebspersönlichkeit stimmt gegen die Verhältnisse mit ihren Zellen und nicht mit ihrer Seele, erst recht nicht mit ihren Aktionen. Sie ist den Verhältnissen gegenüber empfindungslos, ihren persönlichen Angelegenheiten genauso wie den gesellschaftlichen Bedingungen. Ohne geglückte orale Grundlegung kein Widerstand gegen falsche Erwachsenheit, keine Ahnung, daß die eigene Existenz etwas falsch tut und falsch fühlt.

Der Beginn des Krebses macht deutlich, daß er keine echte Krankheit ist. Es kommt nichts Fremdes herein und quält, frißt an und löst auf, was Tod bringt. Beim Krebs werden Zellen frech, lassen sich fallen, machen nicht mehr ordentlich mit. Der Beginn sieht nach Lust aus. Es tut nichts weh, auch später nicht, es sei denn, die schnell wachsenden Zellen beeinträchtigen Organe, die mit Schmerz reagieren.

Das Erscheinungsbild des Krebses weist darauf hin, daß er eine Auseinandersetzung im Inneren eines Menschen ist und kein Kampf zwischen Körper und Eindringlingen. Krebs ist ein Ringen zwischen Kindlichkeit und Erwachsenheit, eine Revolte gegen die falsche Erwachsenheit. Diese Revolte werden alle Menschen haben. Bei den Nicht-Erkrankten behalten die erwachsenen Zellen die Oberhand oder, wie die Wissenschaft sagt, sind die Abwehrkräfte gegen die wuchernden Zellen stark genug, die allgemeine Überwachsung aller anderen zu verhindern. Bei echter Erwachsenheit des Menschen können die erwachsenen Zellen diese Anstrengung vollbringen. Der Mensch kann seinen Alarm in seinem Inneren wahrnehmen, fühlt sich schlecht, hält an, ändert sich, macht was anders. Die gesellschaftlichen Väterverhältnisse wollen ihm das verhindern. Das ist klar. Aber die persönlichen Mutterverhältnisse richten ihm die Schwächung – das orale Defizit – ein, sich gegen die Väterverhältnisse nicht mehr wehren und sein anderes Können und Wollen nicht mehr wahrnehmen zu können.

Die Heilung des Krebses geht immer einher mit radikalen Verhaltensänderungen. Um den Krebs zu bannen, muß der Mensch das tun, was ihm die Zellen signalisieren, er muß von vorn anfangen. Im 30. oder 60. Lebensjahr machen die Zellen plötzlich etwas, das sie im 5. Monat taten. Wenn der Mensch neu beginnt, wenn er das Zellengeschehen handelnd übernimmt, wenn die Seele reagiert und die Person agiert, brauchen es die Zellen nicht zu tun. Was heißt das? Etwas radikal anders zu tun als bisher. Wo? In der Liebe und in der Arbeit, in der Beziehung zu Menschen und zu Dingen. Liebe und Arbeit sind die Wesentlichkeiten des Menschen, in denen sich sein Leben ausdrückt oder an denen es vorbeiläuft.

Genesungen vom Krebs sind geschehen im Zusammenhang mit einem Wechsel des Berufs oder der Arbeitsstelle, auch mit Verlassen des Partners, Finden eines neuen, mit Verletzungen der Rollenerwartungen, mit Lösung von den Eltern, mit Erfüllung eines lang gehegten Wunsches, mit Wechsel des Sexualobjektes von Frauen zu Männern oder von Männern zu Frauen, allgemein: mit Aufgabe der Angepaßtheit.

Haben die Menschen die Möglichkeit zu erkennen, was sie gegen sich gefühlt und getan haben, und können sie sich nach dieser Erkenntnis richten, wirkt das auf die Zellen, bekommen die erwachsenen die Oberhand gegenüber den kindisch gewordenen.

Die Besonderheit früher Störungen zeigt sich bei der sogenannten Krebspersönlichkeit dadurch, daß sie von sich ablenkt und nicht auf sich zulebt. Wenn durch die Entdeckung des Krebses keine Erkenntnisse darüber kommen, was der Mensch für sich möchte, worin er neben sich hergelebt hat, dann hilft, radikal mit dem aufzuhören, womit bis dahin das Leben verbracht wurde. Die Gesundung gelingt nur bei elementarem Zuwendungsdurchbruch. Um den zu ermöglichen, müssen die Bollwerke der Selbst-Abwendung, die Menschen um sich errichtet haben, eingerissen werden. Der Ausbruch einer Krebserkrankung will nur dieses eine: zeigen, daß der Mensch in selbstfeindlichen Situationen lebt. Was das Bewußtsein noch nicht weiß, hat der Körper längst wahrgenommen. Die körperlichen Vorsorgeuntersuchungen sind nutzlos, wenn sie nicht zur Lebensüberprüfung – zu Ich-Erforschung und Selbsterkenntnis – Anlaß geben. Ist Krebs da, sind die Menschen nicht bei sich.

Die Absichten der Väter

Der allmählich total werdende Abbau der Mutter hat Folgen für das gesellschaftliche Verhalten der Menschen. Kauf- und Schlucklust und die Krankheiten sind Extreme, die aus der frühen Störung herrühren und von den Wirtschaftspatriarchaten begehrt und hingenommen werden. Das wichtigste aber für das Fortbestehen dieser Systeme ist das allgemeine gesellschaftliche Verhalten, das sich durch die Verletzungen der Menschen in ihrer frühen Mundzeit herausgebildet hat.

Zwischen den Lustbewegungen, den drei großen äußeren Geschehnissen des Körpers und dem gesellschaftlichen Verhalten der Menschen besteht ein Zusammenhang. Die Lüste des Mundes, des Loches und des Geschlechts machen sich nicht nur von den körperlichen Funktionen selbständig und werden zum Trieb, der unabhängig von der Funktionserfüllung seine Befriedigung anstrebt. Die Lüste wandeln sich auch um in gesellschaftliche Fähigkeiten der Menschen. Sie verselbständigen sich noch einmal. Sie lösen sich teilweise von den körperlichen und werden zu gesellschaftlichen Verhaltensweisen. Menschliche Gesellschaft entstand unter anderem dadurch, daß sich aus körperlichem Lustverhalten soziales Verhalten entwickelte. Das soziale Verhalten äußert sich ähnlich wie das körperliche. Aus leiblichem Trieb wuchs gesellschaftliches Bedürfnis. Alle drei großen Lustbewegungen können sich teilweise in gesellschaftliches Verhalten umwandeln (transformieren). Die Fähigkeiten lehnen sich charakteristisch an die Lustbewegungen an. Das gesellschaftliche Verhalten bildet sich aus nach den Erfahrungen mit der körperlichen Lust.

Die orale Lust wird erlebt als Vorgang des Gebens und Nehmens. Das früheste Erlebnis des Kindes ist Aufnehmen. Daraus erwächst dem Menschen die Fähigkeit des Lernens, die Fähigkeit, von anderen Menschen lustvoll zu nehmen, sich helfen zu lassen, anzunehmen, aufzunehmen, zu empfangen und Erfahrungen zu machen. Das Kind erlebt, wie die Mutter es nährt, sich ihm zuwendet. In Identifikation mit der spendenden Mutter – mit dem sich dem Kinde widmenden Erwachsenen – erlernt es, später selbst zu geben, sich einzusetzen, zu helfen, sich auf andere Menschen zu konzentrieren. Die Lust zu sprechen, zu singen, mitzuteilen, zu lehren und zu unterrichten haben hier ihren Ursprung. Aus der oralen Lust entwickelt sich die Gegenseitigkeit und die Fähigkeit zu Beziehungen und zu Freundschaften.

Die Verletzung der frühen Bedürfnisse stört den Umwandlungsprozeß von körperlichen Lüsten in gesellschaftliche Verhaltensweisen. Die Lust des Mundes kann sich ohne ihre volle Befriedigung nicht zu gesellschaftlichen Fähigkeiten entwickeln. Das orale Defizit kann kein oral-charakteristisches Verhalten ausbilden. Menschen können nicht mehr nehmen, kaum noch lernen, keine Erfahrungen machen. Sie können nicht mehr geben. Wenn sie helfen, helfen sie hilflos, wollen in Wirklichkeit selbst geholfen bekommen, was sie hinter ihrem Helfen verbergen[13], wie es Wolfgang Schmidbauer mit dem Begriff «hilflose Helfer» für alle oral-charakterisierten Berufe beschrieben hat. Freundschaften, Dauer und Gegenseitigkeit menschlicher Beziehungen gehen verloren.

Die Störungen der Mundzeit rufen Störungen des körperlichen Geschlechtsverhaltens hervor. Das hat Folgen für die gesellschaftliche Verhaltensbildung aus genitaler Lust.

Orale Befriedigung läßt genitalen Trieb entstehen. Seine wichtigste Äußerung ist die Begierde nach körperlichem Kontakt mit anderen Menschen. Die teilweise Umwandlung dieser Lust in gesellschaftliches Verhalten betrifft alle Bewegungen zwischen Menschen, das Bedürfnis nach Gemeinschaft, vor allem die Liebe, das Verlangen nach Annäherung, Berührung, Durchdringung. Die Lust der Genitalität tritt als Wollust auf. Ungestörtes Geschlecht stellt sich als Wille dar. Aus ihm speist sich gesellschaftliches Verhalten als Streben nach Entwicklung und Veränderung, als Wunsch nach Entfaltung, Neuwerden und Neumachen. Das Geschlecht entwickelt die gesellschaftliche Dynamik. Die Fähigkeit zur Revolution lehnt an der Fähigkeit zur Wollust.

Das nach gestörter Mundzeit siechende Geschlecht kann nicht mehr genital-charakteristisches Verhalten ausbilden. Die Menschen verlangt es nicht mehr nach Menschen, nach gemeinschaftlicher Entwicklung. Der Mensch ist isoliert vom Menschen. Kein Aufeinanderzugehen, keine Berührung, kein Miteinander.

Es besteht ein Wechselverhältnis zwischen dem Zustand einer Gesellschaft und dem Verhalten der in ihr lebenden Menschen. Das Charakteristische der Gesellschaft findet sich im Charakteristischen der in ihr lebenden, sie tragenden Menschen wieder. Gesellschaften formen sich ihre Menschen, und Menschen bilden sich ihre Gesellschaften.

Die spätkapitalistischen und frühkommunistischen Männergesellschaften brauchen diesen isolierten Menschen, weil nur er ihren Fortbestand sichert. Das wichtigste: keine Revolutionen, auch keine Veränderung und niemals Entwicklung! Das murmeln sich die Väterblöcke einander zu. Revolutionieren können nur genitale Menschen, die wild sind auf Zusammenschluß, auf Nähe, Vereinigung, Massenkontakt von Mensch zu Mensch.

Seit der Mutterschwund um sich gegriffen hat, gibt es immer weniger Bewegungen, immer weniger Lust der Menschen, gemeinsam etwas zu machen. Alle versuchten alternativen Bewegungen brechen bald wieder zusammen. Der Mensch hat kein Interesse mehr am Menschen. (Das aber ist für alle Veränderungen und Revolutionen nötig.) Er denkt nur an seinen Vorteil, wie es heißt. Er will sich abschließen, Geld verdienen, Eigentum erwerben, seine Ruhe, seine vier Wände haben.

Der Mensch ist statisch geworden. Das soll er sein. Das paßt den Vätergesellschaften. Sie wollen keine selbständigen Bewegungen der Menschen untereinander mehr haben, sondern alles dirigieren. Menschen, die Lust an der Bewegung haben, sind weder lenkbar noch verführbar.

Die Unfähigkeit zur Bewegung hat in Ost und West groteske Züge angenommen: Im Osten sind die Menschen tatsächlich körperlich gehindert, dort und dann sich hinzubewegen, wohin und wann sie es spontan wollen. Im Westen werden sie geschubst, gestoßen, zum

Sausen verführt, damit sie nicht merken, wie sie allmählich, trotz ihrer Flüge von Kontinent zu Kontinent, innerlich erstarren.

Die genital unausgebildeten und oral unterversorgten Menschen sind über die Nabelschnur der Angepaßtheit mit ihren patriarchalischen Staaten fest verkoppelt. Sie brauchen den Väterstaat als Nachmutter, hoffen von ihm Sorge um ihre Angelegenheiten, Nachsorge, Vorsorge, Fürsorge, Besorgung, Entsorgung... Sie tun alles, was der Staat von ihnen erwartet. Sie wenden sich ihm zu, fixieren sich an ihn wie an die Mutter. Aber der Staat erfüllt die Bedürfnisse genauso wenig wie die Mutter. Er erscheint als gebend, ist aber nehmend. Er tritt als Mutter nur auf, um die Menschen fest in den Manipulationsgriff zu nehmen und von ihnen die Erfüllung seiner Bedürfnisse zu erhalten.

Die Menschen wehren sich nicht mehr gegen die Väterverhältnisse. Nicht, weil die Zustände gut geworden wären oder die Menschen durch äußere Fesseln am Aufbegehren gehindert würden, sondern weil sie, in ihrem Inneren gefesselt, nicht mehr aufbegehren können. Für alle gesellschaftlichen Veränderungen, die gewaltsamen wie die gewaltlosen, ist menschliches Miteinander die Voraussetzung. Das Aufbegehren einzelner ist wirkungslos. Wenn menschliche Gemeinsamkeit nicht mehr erlebbar ist – sie nicht mehr gewollt, nicht mehr eingerichtet werden kann –, ist jede Veränderung der Verhältnisse unmöglich geworden. So soll es sein: Das Paradies der Väter als die Unantastbarkeit des Patriarchats. Menschen, die nicht mehr verändern wollen, sind der konsequentesten Unterdrückung ausgeliefert, die es je gegeben hat. Veränderung heißt leben. Nicht mehr verändern wollen, bedeutet, nicht mehr leben zu wollen.

Das Patriarchat hat viele Formen und Stile der Unterdrückung hervorgebracht. Durch Karl Marx' und Friedrich Engels' Arbeiten haben die Menschen Unterdrückung zunächst zwischen Klassen erkennen können. Klassenunterdrückungen aus ökonomischen Gründen fanden statt zwischen Freien und Sklaven, Adligen und Bauern, Kapitalisten und Proletariern. Daneben gab und gibt es Minderheitenunterdrückung, Unterdrückung von Teilen des Volkes, dazu die Unterdrückung eines Volkes durch ein anderes in der Form der Fremdherrschaft.

Die europäischen Städte des Mittelalters praktizierten Unterdrückung zwischen Zugehörigen und Ausgeschlossenen. Die spätkapitalistischen Patriarchate betreiben Unterdrückung durch Monopole. Unternehmensblöcke unterdrücken alle anderen Gruppierungen der Gesellschaft. Die frühkommunistischen Patriarchate werden aufrechterhalten mit Hilfe des Männergremiums «Partei», das alle anderen Angehörigen des Volkes unter Druck hat. Der Männerklan «Kirche» unterdrückte ebenso das Volk, als er die Macht dazu hatte. Das Ende dieser Unterdrückungsform ist noch nicht überall gesichert. Die Unterdrückungen durch Kirche und Partei waren und sind keine vorrangig ökonomischen Unterdrückungsformen, denn diese Männerkollektive beuten Menschen nicht nur aus, um aus deren Arbeit die Vermehrung ihres Privatbesitzes zu erzielen, wie es die ökonomisch unterdrückenden Klassen taten und tun.

Die Frauenbewegung enthüllte die Geschlechterunterdrückung. Männer unterdrücken Frauen. Die Erkenntnis dieser Unterdrückung machte die Entdeckung des Prinzips von allen Unterdrückungsvorgängen möglich.

Unterdrückung bedeutet einerseits der Druck zu einem bestimmten Tun, wie Arbeit, Leistungen, Abgaben, Dienste, die die eine Gruppe von der anderen verlangt zu Bedingungen, die die Druck ausübende Gruppe bestimmt. Unterdrückung bedeutet andererseits der Druck zu einem bestimmten Sein, Zwang zu Verhaltenseinschränkung und noch schärfer zu Verhaltensfestlegung. Eine Gruppe von Menschen zwingt andere, zu fühlen, zu denken, sich zu verhalten, wie sie es will.

Die ökonomische Unterdrückung betrifft hauptsächlich den Druck zu einem bestimmten Tun. Die Fremdherrschaft geschieht, weil die unterworfenen Völker für das unterwerfende mit allen möglichen Taten zur Verfügung stehen, zum Beispiel ihre Volkswirtschaft vollkommen auf die Bedürfnisse der Unterdrücker einstellen müssen. Bei der Unterdrückung durch Kirche und Partei geht es mehr um die Unterdrückung zu einem bestimmten Sein, zu einem Glauben, zu einer Ideologiezugehörigkeit. Die Minderheitenunterdrückung geschieht, weil Teile des Volkes anders sind als die Mehrheit, andere Haltungen, Anschauungen, Gewohnheiten, Traditionen haben. Die Frauenunterdrückung erscheint zum Teil als Druck zu einem bestimmten Tun. Männer stellen Frauen unter Druck, bestimmte Arbeiten zu verrichten, sich ausschließlich mit Kindern zu beschäftigen, Männern in bestimmten Weisen geschlechtlich zur Verfügung zu stehen, als Ehefrau, als Geliebte, als Hure. Die Unterdrückung der Frauen durch die Männergesellschaft ist aber fast ausschließlich der Druck zu einem bestimmten Sein. Die Frauenbewegung hat sich ausgiebig mit dem Thema beschäftigt: Frauenunterdrückung als Verhaltensbestimmung. Der Begriff «Rolle» – der Geschlechtsrolle, der Frauenrolle, der Mutterrolle – trat in den Vordergrund der Unterdrückungserkenntnisse. Er macht deutlich, wie Unterdrückung sich darauf konzentriert hat, ein bestimmtes Verhalten zu erzwingen, das Menschen mit Sicherheit üben werden. Mit fortschreitender Patriarchalisierung der Gesellschaft unterlagen nicht nur Frauen dem Verhaltensdruck, auch Männer werden von ihren eigenen Gremien zur Rolle gezwungen.

Verhaltensfestlegung ist Lustunterdrückung. Das Hauptgebiet der Lustunterdrückung war bisher die Genitalität. Die Geschlechterunterdrückung zwischen Mann und Frau war auch immer eine Festlegung des Geschlechtsverhaltens. Schon die Frühpatriarchate betrieben Unterdrückung des Frauengeschlechts in allen seinen Äußerungen. Die germanischen Väterkollegien warfen Frauen in den Sumpf, wenn sie ein Verhalten zeigten, das nicht den geschlechtlichen Normen entsprach. Das christliche Hochpatriarchat unterdrückte das geschlechtliche Verhalten aller Menschen, wenn auch immer schärfere Unterdrückungsmaßnahmen gegen das Frauenverhalten die Wurzel dieser Unterdrückung als Frauenunterdrückung erkennbar werden ließ. Unter Druck wurden schließlich alle Äußerungsformen des Geschlechts genommen, außer einer; sowohl Praxen, Positionen, Techniken, Kombinationen als auch die Verhaltensweisen: Partnerwechsel, Mehrbeziehungen, Spontankontakte, Gruppenbetätigung, gleichgeschlechtlicher Umgang, Selbstbefriedigung, Kinder- und Tierberührungen. Die katholische Kirche ging so weit, genitale Lust gänzlich wegprägen zu wollen. Sie hat es geschafft bei unzähligen Menschen, die ohne geschlechtliche Praxis lebten und leben oder die für Fortpflanzung genital lustlos praktizieren.

Die Unterdrückung von Gruppe durch Gruppe und die Unterdrückung des Geschlechtsverhaltens praktiziert als Unterdrückung der Gruppe gegen den einzelnen, besonders gegen die Frau, sind dynamische Formen der Unterdrückung. Gruppen können nur niedergehalten und zu bestimmtem Tun gezwungen werden, wenn sichtbare und fühlbare Zwangsmaßnahmen stattfinden. Die geschlechtliche Lust ist verantwortlich für die Dynamik zwischen Menschen, positiv für die Entwicklung und gegenseitige Förderung, negativ – wenn sie unter Druck gesetzt wird – für die zerstörerische Kraft der gegenseitigen Behinderung und Vernichtung. Aus der Beeinträchtigung der Genitalität entspringt Aggressivität. Die Unterdrückung dieser Lust setzt Zwangsmaßnahmen voraus. Die Menschen müssen zu einem bestimmten Verhalten – wie der Keuschheit, der Eheschließung, der lebenslänglichen Ehe – gezwungen und müssen unter Druck gesetzt werden, bestimmtes Verhalten zu unterlassen – wie alle anderen Äußerungen des Geschlechts außerhalb der Fruchtbarkeitsmonogamie.

Die dynamische Gesellschaft praktiziert dynamische Unterdrückungsformen. Die Sklavenhalter-, die agrar-feudalistischen und die frühkapitalistischen Patriarchate waren dynamische Unterdrückungsgesellschaften. Sie brauchten Gruppenmiteinander und -gegeneinander, Menschenförderung und -hinderung, Auflehnung, Niederhaltung, Haß und Kampf.

Die gegenwärtigen Patriarchate in der Form der spätkapitalistischen und frühkommunistischen Wirtschaftsgesellschaften werden immer mehr statische Unterdrückungsgesellschaften.

Trotz ökonomisch unterschiedlicher Verfahrensweisen und trotz ideologischer Gegnerschaft vereinheitlicht sich langsam das Verhalten der Menschen in den zwei großen Systemen. Das deutet darauf hin, daß sich die Unterdrückungspraktiken der Blockpatriarchate einander angleichen. Die Charakterisierungen mit «ökonomischer Unterdrückung» und «Cliquenherrschaft» betreffen Scheinunterschiede. Wesentlich ist die Annäherung der Systeme: Die dynamischen Unterdrückungsformen werden in beiden allmählich zurückgenommen zugunsten statischer Unterdrückungsformen. Klassen-, Frauen-, Geschlechtsunterdrückung findet heute weniger statt als früher. Die ökonomische Unterdrückung hat sich verringert. Die Unterdrückung durch die Partei ist weniger zwingend, als es die Unterdrückung durch die Kirche war. Die Unterdrückung zu einem bestimmten Tun verkleinert sich. Die Unterdrückung zu einem bestimmten Sein vergrößert sich. Das Hauptunterdrückungsgebiet der Wirtschaftspatriarchate in den industrialisierten Zonen der Ersten Welt ist Verhaltensfestlegung: Menschen so zu machen, daß sie sind, wie es die Patriarchate jetzt brauchen, daß sie von selber tun, was zur Aufrechterhaltung dieser Gesellschaften notwendig ist.

Unterdrückung geht von außen nach innen. Das muß sein; denn die Herrschaft der Wirtschaftspatriarchate depersonalisiert und institutionalisiert. Die gegenwärtigen Gesellschaften werden nicht mehr von Vätern oder Väterklassen beherrscht, sondern von Väterunternehmen (Monopolgesellschaften) und Väterinstitutionen (Parteien). Die Unternehmen und Institutionen können immer schlechter äußeren Zwang ausüben. Sie brauchen die Menschen als selbstlaufende Verrichtungsvollführer. Das sind funktionierende Funktionäre wie «Unternehmer», «Arbeitnehmer», Manager, Apparatschiks, an den verschiedensten Plätzen der Wirtschaftspatriarchate einsetzbare Figuren.

Menschen dürfen kaum noch eigenen Willen haben, auch keine selbständigen Handlungsmotive, nicht einmal mehr Haß und Wut. Sie sollen auch nicht mehr aus persönlichen Gründen Unterdrückung ausüben wollen. Es zählen nur noch Interesse für Angelegenheit und Hang zur Einfügung. Die Herrschaft durch Unternehmen und Institutionen wird nicht mehr garantiert durch die dynamischen Formen der Unterdrückung einer Gruppe von Menschen gegen andere. Unterdrückung ist generalisiert worden. Alle Menschen werden von den Unternehmen und Institutionen beherrscht, auch die Funktionsträger höchster Positionen. Machthaber sind heute immer nur Herrschaftsvertreter, nicht mehr Herrschaftsinhaber.

Die Verhaltensfestlegung muß für solch eine Unterdrückungsform exakt, allgemeinverbreitet und tief wirksam erfolgen.

Die Unter-Zwang-Stellung der Genitalität ist für eine sichere Verhaltensbildung nach dem Muster des willenlosen Funktionsträgers unbrauchbar geworden. Die Beeinträchtigung des Geschlechts läßt daher nach. Die Verhaltensfestlegung geschieht heute durch Eingriffe in die früheren Lustbewegungen. Der Hauptschauplatz der Lustbeeinträchtigung ist in das Kinderzimmer verlegt worden. Eine Form der Unterdrückung war immer die Generationenunterdrückung. Eltern unterdrücken im Aufwachsensschema der patriarchalischen Familie ihre Kinder. Wie die Frauenunterdrückung ist die Kinderunterdrückung ein Zwang sowohl zum Tun als auch zum Sein. Die Kinderunterdrückung äußert sich heute besonders als Zwang zu einem bestimmten Sein.

Die Unerfülltheit des Mundes, der Muttermangel beim menschlichen Anfang, legt ein Verhalten fest, wie es die Wirtschaftspatriarchate brauchen.

Die frühe Beschädigung widerfährt nicht nur einer Klasse oder Gruppe, sondern allen Menschen, dem Arbeiterkind wie dem Manager- oder Apparatschik-Kind. Der Mutterschwund ist allgemein. Die Unterdrückung des Kindes durch die Mutter ist die früheste und verbreitetste, der Kern aller Unterdrückungen. Nicht als patriarchatsgegenlaufendes Geschehen – als ertrotztes Kinderzimmermatriarchat gleichsam wie eine unabschaffbare Restmacht der Frauen –, sondern als verborgene Absicht des Patriarchats. Mutter-Kind-Beziehung und Patriarchat sind die geheimen Bezogenheiten.

Mutter-Kind dachten die Menschen bisher als Idylle, als außerhalb der Herrschaftsgesetze existierende Einrichtung. Aber «die Mutter» ist Voraussetzung des Patriarchats, so lange «die Mutter» aus unterdrückter Frau entsteht. Frauenunterdrückung garantiert Menschenunterdrückung. Der Umgang mit Kindern durch unterdrückte Menschen (Mütter) schafft wieder unterdrückte Menschen.

Die Unterdrückung der Mütter ist im Laufe des Patriarchats vorangeschritten. Patriarchat entstand als Mutterunterdrückung, Unterdrückung der Mütter durch Väter. Die jetzt stattfindende Mutterauflösung garantiert die Eingriffe in die frühe Formung des Menschen direkt, die die Verfestigung zu seinen beschädigten Verhaltensweisen zur Folge hat und ihn zu allem Tun befähigt und an allen Orten der Gesellschaft einsetzbar macht.

Das Befreiungsdenken hat sich bisher mit den Unterdrückungsformen der dynamischen Unterdrückungsgesellschaften beschäftigt. Der Revolutionsbegriff entwickelte sich aus dynamischen Unterdrückungsformen. Eine faßbare Menschen-(Männer-)gruppe, die unterdrückt, kann bekämpft, eine herrschende Klasse kann entmachtet werden. Menschen, die sich bewegen können, können sich zusammenschließen und kämpfen.

Institutionen und Unternehmen können nicht bekämpft werden. Oral unterversorgte, genital unausgebildete, statische, menschenlustlose Menschen können sich nicht zusammenschließen und kämpfen. Revolution im Marxschen Sinn hat sich in keiner kapitalistischen, statisch gewordenen Gesellschaft mehr ereignen können. Revolutionen sind dynamische Befreiungsmittel in dynamischen Unterdrückungsgesellschaften. Sie waren relative Befreiungsmittel, schafften Patriarchat nie als Ganzes ab, sondern wechselten dessen Erscheinungsformen, lösten herrschaftsinnehabende Klassen ab, setzten andere Klassen oder Gruppen ein. Aber schon der Kapitalismus der Industrienationen konnte und kann nicht mehr mit Revolutionen abgeschafft werden, weil er statische Verhältnisse geschaffen hat.

Die Proletarierunterdrückung der ersten Zeit kapitalistisch-bürgerlicher Machtentfaltung, die Karl Marx vor sich sah, war noch ein Rest der dynamischen Unterdrückungsgepflogenheiten aus feudaler Zeit. Die russische Revolution fand in einer scheinbar kapitalistischen Gesellschaft statt, die hauptsächlich von agrar-feudalistischen Verhältnissen geprägt war, in der die Menschen sich noch bewegen konnten. Alle Erhebungen gegen die heute herrschenden Wirtschaftsblöcke sind erfolglos zusammengebrochen: Chile, Ungarn, Tschechoslowakei, DDR, Polen. Vietnam, Kuba und Nicaragua waren Ausnahmen – Gesellschaften mit noch hauptsächlich Agrarverhältnissen, die bewegungs- und kampffähige Menschen hervorgebracht hatten.

Lustbefreiung als Verhaltensbefreiung wurde bisher nur gedacht als Geschlechtsbefreiung – alle Aufmerksamkeit auf die Genitalitätsunterdrückung gelenkt, die heute nicht mehr hauptsächlich betrieben wird.

Das Patriarchat existiert mit einem merkwürdigen Selbsterhaltungseffekt. Es wandelt seine Unterdrückungsformen. Die Menschen erkennen immer jeweils die aktuelle Unterdrückungspraxis nicht. Ist eine Unterdrückungsform allgemein durchschaubar, hat sie schon einer neuen Platz gemacht. Die Befreiungstechniken beziehen sich deshalb immer auf vergangene oder vergehende Unterdrückungsformen. Kämpfe tauschen heute nur die Funktionsträger aus, schaffen aber nicht die Herrschaft der Unternehmen und Institutionen ab.

Sexuelle Befreiung geht ins Leere, weil sie nicht mehr in die gegenwärtigen sexuellen Unterdrückungsmechanismen und vor allem nicht in die Beschädigung der oralen Lustbewegung eingreift.

Die Wirtschaftspatriarchate verhöhnen ihre Menschen mit dem allmählichen Nachlassen der dynamischen Unterdrückungsformen. Sie erscheinen, als unterdrückten sie nicht mehr oder weniger als die alten Patriarchate, die sie abgelöst haben. Der Hohn: Freiheit (= Freilassung) in äußeren Verhältnissen, weil Unfreiheit der inneren Verhältnisse den Fortbestand der Patriarchate garantiert.

Paradies ohne Boden

Die Verunstaltung des Loches

Die zweite Besonderheit des Paradieses: Kein Boden unter den Füßen. Schweben hieß: Mensch nicht mehr verwickelt mit Mensch, nicht mehr in Berührung mit dem Boden.

Die Bodenlosigkeit der Menschen ist viel deutlicher sichtbar als ihre Geschlechtslosigkeit. Boden ist die Umwelt des Menschen. Umwelt gibt es nicht mehr im Paradies. Das zeituniversale Thema: Der Mensch verliert schon im Diesseits sein Verhältnis zur Umwelt. Sein Bezug zum Boden erlischt.

«Boden» faßt alles zusammen, was den Menschen außer seinem Verhältnis zum Menschen angeht: Das Verhältnis zu sich als Lebewesen, als einer gewachsenen Frucht der Erde, seine Beschäftigung mit der Welt und sein Verhältnis zu den Dingen. Diese drei Bezüge – zur eigenen Person, zum eigenen Tun und zu den Dingen – äußern sich in gesellschaftlichen Verhaltensweisen.

Gesellschaftliches Verhalten entsteht aus körperlichen Lustbewegungen. Der Umgang mit sich selbst, das sinnvolle Tun und das Verhältnis zu den Dingen entwickeln sich aus der Lust des Loches. Die Umwandlung der analen Lust in gesellschaftliches Verhalten läßt das Verhältnis des Menschen zum Boden entstehen.

Sigmund Freud beschrieb in seinen «Drei Abhandlungen zur Sexualtheorie» die «anale Phase» [10].

«Phasen» bezeichnen bei der menschlichen Entwicklung Zeiträume der Konzentration und Aufmerksamkeit, die sich von oral über anal zu genital verschieben. Oral = von der Geburt bis zum Erlernen selbständiger Nahrungsaufnahme als Essen und Trinken.

Anal = von der ersten Darmtätigkeit bis zur selbstregulierten Ausscheidungsfähigkeit. Genital = von beginnender zielgerichteter Selbstbefriedigung bis zur Meisterung erster genitaler Kontakte zu anderen Menschen.

In einer «Phase» stimmen Funktion und Lust sich aufeinander ein. Körper, Seele und Mitmenschlichkeit werden aneinandergeschlossen, wobei die Organe, die dabei die Hauptrolle spielen, der Phase den Namen gegeben haben. Auch im späteren Leben behalten diese Regionen ihre bevorzugte Lustfähigkeit, ob das den Menschen bewußt ist oder nicht.

Die anale Lust unterscheidet sich von der oralen und genitalen Lust wesentlich. Körperlich ist die Lust des Loches der Lust des Mundes und der der Geschlechtsteile ähnlich. Die Funktion der Ausscheidung bereitet Lust, Lust treibt den Organismus an, die Funktion zu verrichten. Das Loch hat Räusche, verschafft dem Organismus Wohlbefindlichkeitshöhepunkte, die die inneren Organe befriedigen. Und die Erogenität – die Lustfähigkeit – hat sich von der Funktion verselbständigt. Auch die anale Lust ist zu einer eigenen Bewegung geworden.

Der Unterschied zwischen analer und oral-genitaler Lust besteht darin, daß an die Funktion des Loches keine Kommunikation gekoppelt ist. Saugen, Nahrungaufnehmen geschieht – und muß geschehen, wenn der Mensch überleben will – als erster Vorgang der Mitmenschlichkeit: Erwachsener gibt, Kind nimmt, beide geben einander Bestätigung.

Der seelische Anteil des Analen entsteht nicht aus dem Verhältnis zwischen Mensch und Mensch. Es entwickelt sich aus den körperlichen Vorgängen ein Verhältnis des Menschen zu sich, zum eigenen Tun und zu den Dingen. Die anale Lust erfährt das Kind in Anlehnung an sein Erlernen selbstbestimmter Ausscheidung. Die Analität wird von drei Aspekten gekennzeichnet: *anhalten, machen, gemachthaben.*

Das *Anhalten* lenkt die Aufmerksamkeit nach innen. Das Kind erfährt seinen Körper als Organismus, in dem etwas Lebendiges vor sich geht. Die Verdauung produziert einen Rest, über den das Kind teilweise verfügen kann, indem es darüber bestimmt, wann es ihn zurückhält und wann es ihn herausläßt. Dieser Vorgang ermöglicht ihm die Erfahrung der Selbständigkeit und der Selbstbestimmung. Die Lust, die inneren Vorgänge zu spüren, wird zur Aufmerksamkeit des Menschen für seine Gefühle und Stimmungen. Aus ihr erwächst das allgemeine Motiv zur Beschäftigung mit inneren Prozessen der Organismen und der Elemente, mit den sogenannten unsichtbaren Vorgängen irdischer und überirdischer Herkunft.

Das *Machen* eröffnet das Erlebnis des Produzierens, des ersten echten eigenen Tuns. Die oralen Erlebnisse entstanden aus einem Miteinander: Das Kind muß mitmachen, den Mund aufmachen, saugen, schlucken. Aber während der oralen Zeit überwiegt das Gemachtbekommen. «Anal» heißt Alleintun. Ausscheiden muß das Kind selber. Aus diesem Machen erwächst die Lust zu allem Machen, die Bereitschaft zum Tun, die Fähigkeit zur Beschäftigung. Aus ihm entfaltet sich schöpferische Arbeit, Kreativität. Und das Machen verschafft den Eindruck vom Übergang zwischen Mensch und Ding, die Erfahrung, Ding kommt vom Menschen, entsteht durch Tun.

Gemachthaben betrifft das Verhältnis des Menschen zur Natur und zu den Dingen. Die Scheiße ist der Teil des Menschen, der der Erde gehört. Oral nimmt der Mensch von der Natur, anal gibt er ihr. Scheiße ist zweierlei: Faules, das der Mensch weggeben, und schöpferische Menge, aus der Leben wieder entsteht, dem sich der Mensch widmen muß. Mit seiner Scheiße bewegt sich der Mensch im Kreislauf der Natur: Vergehen und werden, faulen und wachsen erlebt er aus *einem* Prozeß. Scheißen als Erde-Machen ist eine Vorform des Sterbens als ein In-die-Erde-Eingehen. Nicht nur die Erde macht den Menschen, der Mensch macht auch Erde. Das Kreislauferlebnis befähigt den Menschen in seinen gesellschaftlichen Verrichtungen ebenfalls zum Kreislauf. Weggeben heißt Ordnung machen, Unwesentliches verwesen lassen; Verlebendigen heißt errichten, aufbauen, erstehen lassen.

Scheiße ist zugleich das erste Ding, das der Mensch in Bezug zu sich selbst erlebt. Da es von ihm kommt, ist es erwärmt, geformt, beseelt. Dinge sind menschenbezogen, sind Übergang zwischen Mensch und Natur, sind Helfer zur Annäherung beider. Die ersten gestalteten Dinge der Menschen waren Werkzeuge zur Auseinandersetzung mit der elementaren, der pflanzlichen und der tierischen Natur.

Die Gesellschaft braucht Verhaltensweisen der Menschen, hervorgegangen aus der Umwandlung aller drei Lustbewegungen. Das Verhalten jedes Menschen ist eine Mischung aus den Transformationsprozessen der Lüste mit unterschiedlicher Ausprägung und möglicher Bevorzugung einer Charakteristik und der Benachteiligung einer anderen.

Das Verhalten des zeitgenössischen Menschen ist geprägt von oralem Mangel und genitaler Mattigkeit. Für die Transformation aus Analem in Verhalten ist im Gegensatz zur Ausprägung des Genitalen keine ungestört verlaufene Mundzeit notwendig. Das Genitale steht im gleichen Verhältnis zum Oralen, das Anale im umgekehrten. Gestörte Mundzeit schwächt die Geschlechtslust, stärkt die Lochlust. Das Anale bildet sich bevorzugt aus, wenn das Orale gestört war und das Genitale dadurch verkümmert ist. Das Verhalten des Menschen konzentriert sich dann besonders auf die Beschäftigung mit sich selbst und mit Dingen und befähigt ihn zu anhaltendem Tun.

Einsiedler und Sonderlinge wie die sogenannten Genies wachsen aus oralen Schwierigkeiten und analen Bevorzugungen heran, haben Störungen zu Menschen, aber keine zu den Dingen, sind bodennah und tatkräftig. Das Genie der Genies, Wolfgang Amadeus Mozart, hatte eine kühle Mutter und nicht recht gelingende Beziehungen zu seinen Mitmenschen. Er kommunizierte mit ihnen über seine Werke. Er entäußerte sich ununterbrochen mit Kompositionen und schwelgte noch als Erwachsener in Lochlust, was durch seine «Bäsle-Briefe»[14] überliefert worden ist: die Welt neckend mit der Benennung analer Gegebenheiten.

Die in der zweiten Hälfte des 20. Jahrhunderts aufgewachsenen Menschen gehen generell aus erkaltenden Müttern hervor; sie können ihr Verhalten kaum noch oral-genital, sie müssen es anal charakterisieren.

Die hauptsächliche Charakterisierung des Verhaltens aus Analem hieße: Verblassen des mitmenschlichen Bezugs zugunsten der Bezogenheit auf sich selbst, auf Dinge, auf Natur, zugunsten der Befähigung zu schöpferischem Tun.

Solche Bevorzugung zeigt der zeitgenössische Mensch nicht.

Sein zweites Weh: Er ist nicht nur oral, er ist auch anal gestört. Für die Verhaltensbildung aus Analem ist zwar keine unbeschädigte

Mundlust, aber unbeschädigte Lochlust die Voraussetzung. Erforderlich ist die Anerkennung der Existenz analer Lust und ein Verhältnis zur Scheiße.

Nicht nur die Mundzeit ist dem Menschen beeinträchtigt, auch die Lochzeit ist ihm heute drangsaliert worden. Der Druck auf die anale Lust ist die jüngste Unterdrückung, die letzte mögliche Unter-Zwang-Setzung einer der menschlichen Lustbewegungen.

Das Zeitalter stemmt sich gegen das Loch, wie sich frühere gegen das Geschlecht benommen haben. Nichts darf mehr an seine Belange erinnern. Der Mensch hat seine Scheiße verlassen. Er hat den Boden verlassen. Das «Paradies über den Wolken» grinst die Menschen als Asphalt unter ihren Füßen an.

Die Abkehrung von der Scheiße ist universell geworden. Alles Organisch-Abstoffliche verdammen die Wirtschaftsmenschen. Der Bauer will nicht mehr am Kot sein. Der Misthaufen vor seiner Tür ist verschwunden. Mit Kunstdünger düngt er, entleert sich ins Wasserklosett, anstatt wie früher auf seinen Mist. Apparate bedienen sein Vieh vorne und hinten: Futtermaschinen, Melkmaschinen, Schlachtmaschinen. Er braucht ‹es› nicht mehr anzufassen. Tiere stehen ihr Leben lang an Technik: «Intensivhaltung».

Der allgemeine, unbäuerliche Tag soll erst recht nicht mehr an Stoffwechsel erinnern. Mit Holz, Kohle, Asche will sich niemand mehr beschäftigen, will an Verdauen, Verbrennen und Vergehen nicht erinnert werden. Die Wohnungen sollen sich wärmen ohne Schmutz. Die neuen Häuser sind kreidebleich und aus Beton, der nicht mehr atmet. Die Wirtschaftsmenschen haben vor allem Ausgeschiedenen einen Hygienedamm errichtet. Ihre Klosetträume sind lackversiegelt. Die Becken mit Wasser und Kunstdüften ziehen ihnen von unten ihre Scheiße weg. Jubel: «steril», «keimfrei»! Die Keime sind aber wichtig wie die Scheiße für die Erde. Sie zersetzen und lassen sprießen. Das soll nicht sein. Statt dessen: «Desinfektion», «Desodoration», «Chlor».

Die Entfernung von der Scheiße wurde durch die Verstädterung des Lebens eingeleitet. Das Land braucht Scheiße, die Stadt nicht. Die Natur macht aus ihren Abstoffen Erde, die alles neue Leben birgt. Das ist auf dem Lande sichtbar gewesen. Der Mensch gab seinen Teil dazu. In der Stadt stört die Scheiße. Stadt macht Hygiene notwendig – das Scheißevernichtungsverfahren. Die Prinzipien der Stadt wurden allgemein, griffen über auf das Land, wo sie unsinnig sind.

Hygiene mag für die Verstädterung des Lebens notwendig gewesen sein, in bezug auf die Loch-Lust entstand mit ihr das gegenwärtige Unterdrückungsprogramm. Hinzu kam, daß in der Stadt sich die Mutter-Kind-Beziehung zweipersonal zuschloß, das heißt in eine Ausschließlichkeit geriet, die sie auf dem Lande mit seinen großfamiliären Strukturen und dem Nebenmütterprinzip der Ammen, Mägde, Tanten und Großmütter nicht gehabt hat.

Beide Ereignisse beeinträchtigen die anale Entfaltung.

Die Entwicklung analer Lust setzt zweierlei voraus:
 1. den Umgang des Kindes mit Erwachsenen, die ein Verhältnis zu Scheiße / Erde haben,
 2. die Ungestörtheit des Kindes.

1. Im Aufwachsensschema der Kleinfamilie wächst das Kind unter dem Einfluß nur *einer* Person auf – seiner leiblichen Mutter. Mutter heißt heute «beschränkte Frau». Eine der vier Belastungen der Frau ist ihre Trennung von Erde. Die Frau als «Blüte», «Puppe», «Bild» hat selbstverständlich kein Verhältnis zur Scheiße. Ihre eigene muß sie vor dem Mann wie ungeschehen machen. Das Verständnis von ihrem Stoffwechsel wird ihr abgewürgt. Wer kein Verhältnis zu seiner Scheiße haben darf, muß die Scheiße anderer abwehren. Die Frau ist ohne Humus und hat keinen Sinn für die Humusbildung ihres Kindes. Sie ekelt sich vor der Scheiße des Kindes wie vor der eigenen, wie sich der Mann vor der ihren ekelt. Ekel heißt Ablehnung.

Heute ist die Zweieinhalb-Zimmer-Wohnungsfrau-Mutter Vorstand eines Hygienehaushaltes und Partnerin der chemischen Industrie, die ihr Wasch-, Spül-, Putz-, Weich- und Bleichmittel in die vier Wände lotst. Und auch für das Baby gibt es Reinigungsmittel vielerlei Art, denn so sauber soll es sein wie der Wohnungsfrau Küchenmöbelgarnitur.

2. Das Aufwachsen unter einem Wohnungsfrauenmenschen heißt Überwachung. Das Kind will für seine analen Erlebnisse Umgekehr-

tes als in seiner oralen Zeit. Oral heißt: viel Muttergegenwart und -hinwendung. Anal heißt: viel Alleinsein, Ungestörtheit, Ruhe fürs Erleben, Ausprobieren, Nach-innen-Fühlen, Selbstbesinnen, Scheißeannäherung. Das Kind ist Hauptperson, die Mutter ist Dienende. Kommunikation ist hier nur skizziert. Das Kind macht, fühlt, bestimmt. Die Mutter hilft, schaut mal nach, pflichtet bei, wechselt die Windeln aus, wischt ab, cremt ein, bestätigt, freut sich am ersten selbständigen Tun des werdenden Menschen. Aber das Hygiene-haushaltskind wird von seiner Wohnungsfrauenmutter in Angelegenheit seiner Scheiße verfolgt. Die Mutter will Herrin über die Scheiße des Kindes sein. Für ihre Interessen wurde eigens ein Begriff geprägt: «Reinlichkeits-» oder «Sauberkeitserziehung».

Die Beschädigungen der analen Lust des Kindes machen Selbsterfahrung des Menschen und seine Anfreundung mit Scheiße unmöglich. Die Absichten der Wohnungsfrauenmutter für ihr Kind sind Fremdbestimmung und Verfeindung mit der Scheiße – was beides ihr vorher selbst durch Mütter und fortlaufend durch Männer angetan worden ist. Das Anale wird im modernen Kinderzimmer als Regel, aber nicht mehr als Lust kennengelernt.

Essen und Küssen, Geschlechtsteile berühren bringen Lust – das wissen die Menschen noch. Verdauen und Scheißen, das Loch berühren sind ehemals auch lustvoll – die Hygienemenschen haben es vergessen müssen. Das Loch muß heute so lustlos arbeiten, wie es früher die Geschlechtsteile sollten. Der Darm, der sich ducken lernte, reagiert mit der Jahrhundertunpäßlichkeit «Verstopfung».

Das Druckverfahren mit der analen Lust ist dem Zeitalter fast vollkommen gelungen. Jeder Schritt durch die Zivilisation gemahnt an ihre Ausmerzung. Die Folgen sind verheerend. Das Anale kann nicht mehr transformieren in die Verhaltensweisen der Selbstbeschäftigung, des sinnvollen Tuns und der Zuneigung zu Natur und Dingen. Es muß deformieren.

Anhalten verkommt zu Hemmung, Zwang, Verschlossenheit, Geiz, Sturheit, Zurückhaltung. Die Menschen erstarren. Sie halten alles zurück, was nur zurückhaltbar ist, geizen mit Gefühlen und Taten, klammern sich an ihre Sachen. Die herrschenden Vätergesellschaften verfestigen ihre Regeln und Systeme. Anhalten ist das übergreifend beängstigende Motiv aller Gegenwart geworden: horten, zurücklegen, sparen, Besitz anlegen.

Die Korrespondenz zwischen Innen und Außen des Körpers ist verlorengegangen. Selbstgefühl als Innengefühl, das Innenwissen – auch Körperverständnis genannt – ist abhanden gekommen. Selbstbestimmung machte der Fremdbestimmung Platz. Alle Bäuche sind zu. Das Bewußtsein, daß in ihnen sich etwas bewegt, ist ausgelöscht. Und also wird getan, als bewegte sich nichts. Die Innereien werden nur noch für Analytiker und Chirurgen aufgeschlossen. Die sollen regeln, was Menschen als Kindern verhindert wurde: selbst zu ertasten und zu bestimmen. Nicht mehr Selbstgenügsamkeit zeichnet die Menschen aus, sondern Anspruchshaltung beherrscht sie.

Mit dem Verschwinden des körperlichen und seelischen Selbstwissens, der lustvollen Selbstbeschäftigung, entstand der Ersatz, in Innereien Fremder zu wühlen, über innere Prozesse anderer zu verfügen. Daraus wird Befriedigung gesogen, damit wird auch Presse und Politik gemacht.

Das *Machen* ist zum wütenden, lustlosen Produzieren geworden, zum unbefriedigenden Dauerarbeiten. Überall Ausstoßen, Wuchern, Planen, Bauen, Investieren. Schöpfen? Fließbandaktionismus in Fabrik und Institut. Bänder und Formeln hetzen Hände und Gehirne. Das Zeitalter hat Interesse für Intelligenzquotienten und Fachwissen, für die Inflation von Geist und Tat.

Das Machen ist mit dem Anhalten verbunden. Schöpferisches entsteht nur aus Selbstbestimmung über die Prozesse von Halten und Machen. Die Beschädigung der Haltelust treibt die Machlust in unhaltbaren Machfanatismus. Geraubte Lust am selbstbestimmten Machen läßt die Hetze fremdbestimmten Machens zurück. Die Menschen sind Schienenfahrzeuge. Sie rasen nach dem Plan anderer auf vorgegebener Strecke. Sie können ihr Tun nur noch fremdbestimmt erleben. Sie werden von keiner eigenen Machmotivation mehr bewegt. Die Menschen können nicht mehr ruhen. An den Wochenenden, in den Ferien und im Rentnerdasein fallen Steuerung und Antrieb durch den Arbeitsalltag weg. Dadurch fallen die Menschen in sich zusammen.

Auch *Gemachthaben* – die Beziehung der Menschen zu ihrer Scheiße – verunstaltete.

Der *lebende* Teil der Scheiße ist ins Geld verschoben worden. Geld verstanden die Menschen schon lange als der Scheiße verwandt. Als sie noch ausschließlich Körner aßen, war ihre Scheiße gold-gelb. Gold – das erste Geld – und goldene Scheiße waren ähnlich. In Mythen und Märchen stehen Gold und Geld für Scheiße.[15] «Tischlein deck dich, Goldesel streck dich, Knüppel aus dem Sack» – Oralität, Analität, Genitalität.

«Mach dein großes Geschäft», sagt die Mutter zu ihrem auf dem Topf sitzenden Kind. Jeder Erwachsene will heute sein großes Geschäft machen. Geld gilt zwar als dreckig (scheißig), aber aus Geld sprießt gesellschaftlich anerkanntes Leben wie aus Scheiße / Erde das natürliche. Geld ist Boden, setzt um, zirkuliert, läßt vergehen und wachsen. Wie Natur mit Scheiße wächst, «wächst» Wirtschaft mit Geld. «Wirtschaftswachstum» – beschwörendes alltägliches Wort, die leblose Wirtschaft sich umwälzen zu lassen. Geld ist überall. Es ist Kommunikationsmittel geworden. Das Anale bestimmt das Genitale. Die Beschäftigungen der Wirtschaftsmenschen mit Erde und Dingen, ihre Tätigkeiten und ihr Kontakt zu Mitmenschen haben nur noch durch Geld eine Bedeutung. Nicht: Wer sind Sie, was tun Sie?, sondern: Wieviel verdienen Sie? Nicht mehr: Was ist das, was bedeutet mir das?, sondern: Was bringt mir das, was kostet das, wie teuer war das?

Auf den *toten* Teil der Scheiße haben die Menschen Faszination gerichtet. Die natürliche Bestrebung, das Leblose abzustoßen, deformierte in die gesellschaftliche Bestrebung, es anzuziehen. Alles Kalte, Künstliche, Technische übt Anziehung auf den Menschen. Das Produkt, die Ware, der Stoff haben Lust an sich gebunden. Mit dem Verschwinden der Lust am eigenen Stoff, der eigenen Scheiße, entstand die Zuwendung zu allem Stofflichen. Die Behauptung, alles Menschliche käme vom Stoff, von der Materie, ist die Grundüberzeugung des Zeitalters. Materialismus hat etwas mit der Verdrängung von Scheiße zu tun. Libidinöse Besetzung von außermenschlichem Stoff ersetzt das zerstörte Verhältnis zum eigenen Stoff. Die Vätergesellschaften stellen den Materialismus als Verhalten und als Ideologie an die Spitze ihres Trachtens. Nicht Biolust treibt sie, sondern Materielust. Nicht mehr Kreislauf Mensch––Stoff–Mensch, sondern Abfall des Menschen zu Stoff. Und überall die Versuchungen der Stofflichkeit: sprengen, mischen, pressen, auseinandernehmen, ätzen, schweißen, brodeln... Aus Stoff wird Stoff produziert, hinterläßt Stoff. Oben und unten, hinten und vorne Stoff.

Die Heilung des Müllmenschen

Lust ist die Kraft, die Leben erhält. Lust, die beschädigt wird, kann die Kraft zu diesem Ziel nicht entfalten. Störungen der Lust schaffen nicht ihre Kraft, sondern ihr Ziel ab. Die Kraft der unterdrückten Lust steuert nicht auf Lebenserhaltung zu, sondern auf ihr Gegenteil, auf Lebensvernichtung.

Alle drei Lustbewegungen tendieren zu Vernichtung anstatt zu Erhaltung, wenn in sie eingegriffen wird. Aus beschädigter Mundlust entsteht Apathie (Stillstand, Regreß), aus beschädigter Geschlechtslust entsteht Aggressivität (Kampf, Krieg, Tötungsbereitschaft), aus beschädigter Lochlust entsteht Destruktivität (Zersetzung).

Apathie, Aggressivität und Destruktivität sind Umwegsverhaltensweisen, sind verunstaltete Lustbewegungen, die ihr positives Ziel verfehlen und ein negatives erreichen. Apathie entsteht aus verkrümmtem Verlangen nach Mundlust. Der Mensch will zerfließen und verschwimmen wie am Anfang seines Lebens. Statt dessen zerfällt er. Die Negation: der Umweg führt anstatt zum Aufwachsen in die Auflösung.

Aggressivität entsteht aus verkrümmtem Verlangen nach genitaler Lust. Der Mensch will sich mit Leibern vereinen. Statt im Mit-«einander» äußert er sich im Gegen-«einander». Der Umweg führt anstatt zur Lebensbestätigung oder -schöpfung zur Lebensbeeinträchtigung oder -auslöschung.

Destruktivität entsteht aus verkrümmtem Verlangen nach analer Lust. Nicht strukturgebendes Tun, sondern strukturzersetzendes Tun. Der Umweg führt anstatt zu Aufbau zu Abbau.

Die drei Negationen sind einander ähnlich. Sie unterscheiden sich im Gefährlichkeitsgrad: Von Aggressivität über Apathie zu Destruktivität steigert sich die Gefährlichkeit.

Die Aggressivität ist eine schon seit Patriarchatsanbeginn geläufige Negation. Der Mensch war des Menschen Wolf von dem Tage an, als er nicht mehr des Menschen Liebling sein durfte. Patriarchatsgeschichte ist Aggressionsgeschichte. Apathie und Destruktivität sind neuere Negationen, weil orale und anale Lusteinschränkungen jüngere Unterdrückungstechniken sind. Beide Lustverzerrungen waren schon früher in einzelnen Fällen zu beobachten. Weltübergreifende Verhaltensweisen werden sie erst jetzt. Mit der Aggressivität ließ es sich noch leben; der Mensch blutete zwar unaufhörlich durch den Menschen, aber so lange die Negation nur den anderen traf, erhielt sich der Mensch noch selbst. Die Apathie ist gefährlicher, weil Mensch gegen sich selbst ist. Fortschreitende Apathie führt in Menschheitsverendung. Die Destruktivität ist nicht nur auf Menschen bezogen – andere oder sich selbst –, sie ist gegen alles Seiende gerichtet: Menschen, Lebewesen, Dinge. Durch Destruktivität steht die Zerstörung des Ganzen an, der Umwelt oder der Erde – also des Ganzen, welches im Einflußbereich der Menschen (Männer) ist.

Was ist Destruktivität genauer? Destruktivität heißt: Gegen-Struktur. Strukturabtrag ist Scheißebildung. Aus allem, was ist, soll Scheiße werden. Scheißebilden heißt zersetzen, faulen, zerlegen, zerteilen, abbauen. Aber die Originalscheiße ist Durchgangsstadium. Ungestörte Lust des Menschen an Scheiße befähigt ihn, nicht nur zu zersetzen, sondern auch zusammenzusetzen, ab- und aufzubauen, befähigt ihn zu Analyse und zu Synthese. Schöpfen, Sinnvolles tun enthält Faulen. Schöpfen ist umwandeln.

Nach der Beeinträchtigung des Analen gelingt der Lust auf ihrem Umweg die Strukturierung nicht mehr. Es bleibt Des-Strukturierung. Faulen ist das einzige geworden. Aus Mist wird Müll, Mist bringt Neues, Müll nicht. Mistmachen gibt Befriedigung, Müllmachen nicht. Lust ohne Befriedigung wird zur Sucht: Verlangen ohne Ende. Das Ende wird erst von der Zerstörung gesetzt, nach der das Verlangen streben muß, um erlöst zu werden.

Die Patriarchatsgeschichte hat machthabende Müllpersönlichkeiten hervorgebracht, die ihr Destruktionsverhalten weltweit wirksam werden lassen konnten. Allen voran Adolf Hitler. Er stampfte ein, zermalmte, vergaste, vernichtete, zerstörte. Das merkwürdige an ihm war: Er konnte nichts anderes tun als zersetzen. Er hetzte sich und trachtete nur nach Auflösung. Er machte aus Europa Müll. Er hätte es aus der Welt gemacht, wenn er gekonnt hätte.

Adolf Hitler hat Kollegen und Vorläufer, die ebenfalls Müll um sich machten: Josef Wissarionowitsch Stalin, Wilhelm II. von Hohenzollern, Napoleon Bonaparte, Catherine Medici... Nicht nur Menschen, sondern Sitten, Gebräuche, Lebensweisen, Ideen, Zusammenhänge aller Art wurden von ihnen der Zersetzung ausgeliefert. Die Müllpersönlichkeiten hatten nichts Schöpferisches an sich, sie bauten nur ab, hinterließen ihren Nachkommen nur Schutt.

Die patriarchalischen Persönlichkeiten analer Deformation waren unter den patriarchalischen Persönlichkeiten genitaler Deformation Ausnahmen. Vernichtet und Macht errungen wurde im Patriarchat prinzipiell aus genital-aggressiven Beweggründen. Diese Machtentfaltung ist immer eine beschränkte, weil sie auf bestimmte Menschen und bestimmte Gebiete bezogen ist. Wenn die Menschen, die unterdrückt, beschädigt, vernichtet werden sollen, unterdrückt, beschädigt, vernichtet worden sind, die Gebiete erobert, die Vorhaben durchgesetzt, dann hat sie ihr (negatives) Ziel erreicht.

Die anal-destruktive Machtentfaltung ist dagegen unbegrenzt. Sie richtet sich nicht mehr gegen etwas, sondern sie wuchert ins Unendliche, wenn sie nicht von außen beendet wird. Destruktive Machtentfaltung hat nichts anderes als den Vorgang ununterbrochener Zersetzung zum Ziel. Die irrlichternde Lust treibt zu immer neuen Auflösungshandlungen.

Die Müllpersönlichkeiten bis ins 20. Jahrhundert sind Extreme gewesen, haben sogar bisher das Patriarchat erschreckt. Das 20. Jahrhundert schaltete aber allmählich um von genitaler auf anale Deformation. Adolf Hitler und Josef Stalin waren schon nicht mehr Einzelfälle wie Naturkatastrophen, sondern waren Repräsentanten vom Verhalten vieler. Ihre Lust an Zersetzung hätten sie nicht wirken lassen können, wenn nicht Heere von Menschen / Männern den Spaß der Müllbildung mit ihnen geteilt hätten: zu verfolgen, zu denunzieren, gleichzuschalten, einzupferchen, auszulöschen, Menschen zu Haufen zu machen.

Die Strukturzerlegung hatte in der ersten Hälfte des 20. Jahrhunderts noch genital-aggressive Züge. Die Destruktivität galt hauptsächlich dem Menschen. In der zweiten Hälfte des Jahrhunderts hat die Auflösungstätigkeit des Menschen auf Dinge und auf Natur übergegriffen. Das erscheint als human. Aus Mensch soll gegenwärtig kein Müll gemacht werden wie im deutschen Dritten Reich. Aber der Frieden täuscht, denn die Müllbildung aus Mensch lauert in den Tonnen gelagerter Vernichtungsmittel: Neutronenbomben sollen Völkerschaftsmüllhaufen machen. Die Menschenhaufenbildung ist verheerend, aber aus Dingen und Natur Müll zu machen, hat ärgere Folgen.

Seit den Menschen das Verhältnis zu ihrer guten Scheiße zerschlagen worden ist, machen sie wie wild um sich «böse Scheiße». Durch die Abkehr von ihrer eigenen Scheiße haben sie ein fanatisches Bedürfnis entwickelt, an anderen Orten als in ihrem Bauch Scheiße zu produzieren. Schon das fürs Leben, fürs Gebrauchen vorgeblich Produzierte, ist Scheiße. Die Wirtschaftspatriarchate produzieren eine Unmenge von Waren, die bei näherer Betrachtung Abfall, Dreck, Müll sind. Und bei der Produktion des Dreckes entsteht noch einmal Dreck. Wohin mit dem Dreck und dem Dreck des Dreckes? Das wollen die Menschen nicht wissen, denn sie haben Lust auf Industriescheiße. Sie wollen Dreck haben und Dreck sehen, Dreck fühlen und Dreck riechen. Sie wollen Müll vor ihren Türen und auf allen ihren Wegen haben. Die Müllfanatik der Menschen ist der untaugliche Versuch, wieder an Scheiße heranzukommen. Jeder einzelne macht Müll, knallt an allen Orten, an denen er sich aufhält, seine Überbleibsel hin: Kippen, Schnipsel, Flaschen, Büchsen – auf der Stelle und zu jeder Zeit fallengelassen in der Dringlichkeit eines Durchfalls. Bahnhofswarteräume, Tanzlokale, Universitätshörsäle, Plätze, Straßen werden nach jeder Menschenbegehung vollgemacht. Natur als Toilette für Cocadose und Plastiktüte.

Die gute Scheiße hat die Bewandtnis, sich schnell und leicht aufzulösen. Die Ersatzscheiße des Menschen kann das nicht. Natur betreibt Stoffwechsel. Der Wirtschaftsmensch verkehrt den Vorgang zu Stoffbleiben, Stoffbeharrung. Scheiße ist lebendig, Kunstscheiße tot. Scheiße vergeht, Kunstscheiße bleibt. Scheiße ist ein Teil, Kunstscheiße wird zum Ganzen. Scheiße nimmt ab, Kunstscheiße schwillt an, wuchert unaufhaltbar. Der Mensch generalisiert zu Kloake. Sein Leben ist ausscheiden; seine Welt wird Jauche. Seen, Flüsse, Meere werden Sickergruben. Scheiße war Teil des Menschen, nun ist der Mensch Teil von Scheiße.

Der Mensch beseelte über sein Verhältnis zur Scheiße alle Dinge. Nun, mit ihrer Bestimmung über ihn, entseelen die Dinge den Menschen.

Die alten Sehnsuchtsbücher schrieben von ewigem Leben. Die Industriepatriarchate haben etwas anderes vor – den ewigen Tod. An der Stelle, wo Natur schon ewig lebte, im Wasser, in der Luft und im Boden, wo sie vorhatte, weiter ewiges Leben sich bewegen zu lassen, haben die Unternehmens- und Institutionsvertreter mit der Hinterlegung des ewigen Todes begonnen.

Der deutlichste Begriff für Industriescheiße ist «Rückstände». Atomkraftwerke scheiden Reststoffe aus, die Millionen Jahre halten werden. Alle ihre Kraft müssen alle Nachgeborenen aufwenden, diese ewige Scheiße zu hüten. Das Ende des Märchens Menschheit: Zeitalter der Scheiße. Die bodennahe, gute Scheiße, die die Menschen verstoßen haben, hat ihnen ein Schnippchen geschlagen: «Weil ihr mich verachtet habt, werdet ihr für allezeit mit Scheiße geschlagen sein.»

Die Vermüllung des Lebens macht der Mensch, und er duldet sie. Der Mensch zersetzt alles, macht Haufen. Der Mensch läßt sich von Menschen und nun von den Haufen, die ihn bedrohen, zersetzen. Das Doppelte der Destruktivität ist ihre ärgste Gefährlichkeit. Der Mensch will Scheiße machen und Scheiße werden.

Freud entdeckte den sogenannten Destruktions- oder Todestrieb des Menschen. Dieses Verhalten ist nicht Negation der Genitalität, des Eros, wie Freud es formulierte [16], sondern Negation der Analität. Freud dachte, die Destruktivität sei das gleiche wie der «Streit» des Empedokles oder der «Krieg» des Heraklit. Liebe und Streit, Frieden und Krieg sind aber genital-positive und -negative Kräfte. Destruktivität ist Negation der Konstruktivität. Aufbauen, Schöpfen sind anal-positive Fähigkeiten. Der Wunsch der Menschen, anorganisch zu werden – wie Freud den Todestrieb kennzeichnete –, ist Zeugnis ihrer organischen Verzweiflung. Sterben heißt Boden werden, und Bodenwerden bedeutet, im organischen Kreislauf zu bleiben. Der Destruktionstrieb äußert sich aber tatsächlich als Verlangen nach

Stoff, Stoff zu machen und Stoff zu werden, das Leben – eigenes und fremdes – in den Stoff zwingen zu wollen.

Der Hang zu Anorganischem, zu Totem – wie er den Müllmenschen kennzeichnet – entspringt der Enttäuschung am Organischen. Stoffwerdung betreiben Menschen, wenn sie sich nicht mit Stoffwechsel anfreunden durften.

Die Unterdrückung des Analen muß der Mensch erleben als Unterdrückung seines Organischen, was ihn danach trachten läßt, selbst alles Organische abzulehnen und Anorganisches zu begehren.

Die Unterdrückung des Analen unterscheidet sich von der Unterdrückung des Genitalen und des Oralen. Diese beiden Lüste unterliegen bei der Entwicklung des Kindes nur einer Einschränkung. Auch in der Hochzeit katholischen Patriarchats wurde der Genitalität nur Verringerung zugemutet. Sie wurde den Individuen wohl abgezwackt (viel Frigidität bei Frauen, viel Impotenz verschiedener Färbungen bei Männern), aber ihre Existenz war immer kulturell gegenwärtig. Die Verteufelung strich sie erst recht als Kraft heraus. Und die Fortpflanzung, womit sie verbunden ist, ist auch dem Patriarchat zu wichtig, als daß es jemals Geschlechtslust hätte ganz in Abrede stellen können.

So folgenschwer die orale Beschädigung ist, auch sie äußert sich nur als Beschränkung. Das Orale erleidet eine Verringerung, ein Defizit, aber die Gesellschaft anerkennt es als Lust. Überall Essen und sichtbare Bräuche, die den Interessen des Mundes gerecht werden.

Das Anale hat bei der Menschwerdung und erst recht bei der patriarchalischen Zivilisationsbildung ein viel ärgeres Schicksal erfahren als die beiden anderen Lüste. Bei den dem Menschen verwandten höheren Säugetiergemeinschaften ist das Anale noch als Lust erkennbar. Tiermütter lecken das Loch ihrer Geborenen so lange, bis die es betätigen. Die Einführung dieser Lust ist damit der oralen Lebenseinweihung ebenbürtig. Auch die erwachsenen Tiere machen dem Loch ihre Aufwartung und geben der Scheiße ihre Aufmerksamkeit: Über Ausscheidungen sich anfreunden, bemerkbar und bekannt machen ist üblich.

Genitalität hat bei den Tieren ihre feste Zeit, Analität der Kommunikation ist täglich.[17] Und das Anale ist bei den Tieren spontan. Es hat noch seinen eigenen Lauf, sich zu betätigen, unterliegt keiner

Schicklichkeitseinteilung. Wenn es Gegenstand der Kommunikation ist, braucht es nicht – wie beim Menschen – auf Einsamkeit zu warten. Unter Menschen mußte das Anale als Kommunikationsmittel verschwinden. Sogar die unpatriarchalischen Naturvölker, die Oralität und Genitalität nicht oder kaum einschränken, haben ihre Analität beschnitten. Das Loch ist separat; sein Machen und sein Gemachtes sind separiert worden.

Das Loch in die Stille gedrängt, war das Äußerste, was der Mensch aushalten konnte, was sein Organismus bisher einigermaßen schadlos überstanden hat. Auf die analen Einschüchterungen noch generelle Ablehnung zu frachten, wurde ihm zuviel. Verdunkelung und Vereinsamung des Lochs hat der Mensch noch nicht übelgenommen – die Ablehnung rächt er.

Sauberkeitserziehung heißt Umkehr der Lust in Unlust. Das Organ Loch und alles Organische, mit dem es in Zusammenhang steht, werden mit der Prozedur «sauber» abgelehnt. Die Mutter ekelt sich, die Mutter kehrt Lust in Unlust. Das Entsetzen: die Unschuld des organischen Vorgangs wandelt sich durch das ihr entgegengehaltene Kreuz «Ekel» in Schuldhaftigkeit des Organischen.

Das Organische muß ablaufen. Statt mit Lust und in Unschuld, muß es nun in Unlust und mit Schuld verrichtet werden. Masochismus entsteht – gequält werden bei dem, was sein muß, Jasagen müssen zur Unlust, zum Gequältwerden beim Ablauf des Notwendigen.

Die Mutter ist ursprünglich gut, hat Molluske Mensch entstehen lassen, geboren und ernährt. Und nun – welche Überraschung: «Igitt!», mit spitzen Fingern die Windeln fassend, ist die Mutter gegen Innen, gegen Rumoren, Stinken und Gemachtes. Die Mutter ist zu mächtig, darf nicht für böse gehalten werden. So hält das Kind sich selbst für böse und schilt Loch und Organisches für schlecht.

Der Schritt von oraler zu analer Lust führt das Kind ins Selbst. Oral überwog als Vereinigung. Anal entwickelt Abgetrenntheit, Ich-Entstehung. Das «Pfui» dabei, das universale Mutter-Nein zu allen Lochangelegenheiten, zwingt dem Ich die Bejahung von Leiden überhaupt erst auf. Das Kind erleidet die Ablehnung, bestätigt die Ablehnung mit Masochismus, mit Gutfinden von Unlust, Gequältwerden bei Lust. Zugleich muß sich das Kind mit der Mutterablehnung identifizieren. Es wird sadistisch.

Anal ist keine Lust mehr, sondern Schwierigkeit. Die Lustabschaffung bereitete Unlust. Damit die Mutter gut bleiben kann, muß die Unlust gut werden. Alle Unlust wird gut. Organische Vorgänge werden falsch, weil an den eigenen etwas falsch gefunden worden ist. Anorganisches wird richtig: Den Dreck, den das Organische macht, ablehnen, Anorganisches begehren, was keinen Dreck macht. Aber der Mensch überträgt Dreckmachen auf das Anorganische, macht aus ihm viel mehr Dreck, als aus dem Organischen abfallbar ist. Aus Saubermachen wird Totaldreckmachen.

Die Maso-Sado-Entstehung zeigt deutlich, daß der Mensch die Zurichtung seiner Analität von Lust zu Unlust rächt. Der harmlose Dreck des Organischen wird zum häßlichen Dreck des Anorganischen. Der Mensch duckt sich unter seiner Mutter, liebt sie aber nicht. Er liebt das Leben nicht, das sie gibt, er haßt es. Mutterhaß und Lebenshaß sind identisch. Die Mutter ist gegen seine Lebensinteressen. So ist der Mensch gegen alle Lebensinteressen. Kalt und grausam treibt er seine Stofflust voran, macht er nun Natur sauber, radiert überall Leben aus, wird allmählich selbst Materie. Sein Lebenslauf ist Müllbildung, sein Arbeitsalltag ist Verschrottung. Alles läßt er zu, was mit ihm zersetzend geschieht. Die Väterunternehmen und -institutionen herrschen bald nicht mehr über Menschen, sondern über abgemenschte Stoffe. Die Entpersönlichung der Herrschaft braucht Entmenschung der Beherrschten.

Die 2. Hälfte des 20. Jahrhunderts geht ihren Gang in den Stoff. Das Organische selbst ist anorganisch angekränkelt. Die Kirchen schreiben es an ihre Tore: «Wir wachsen uns zu Tode.»

Die Heilung? – Aufgeben, so zu arbeiten, wie Menschen arbeiten (= lustlos, fasziniert von Lustlosigkeit, selbstquälerisch, zerstörerisch). Aufhören, so zu leben, wie Menschen leben...

Das orale Defizit kann mit oralen Vorgängen geheilt werden: Dem Erwachsenen Original-Orales anbieten, was mühsam ist und kompliziert vonstatten geht. Und das anale «Defizit», die anale Deformation?

Die Entfernung vom Tier ist zu weit gegangen. Der Mensch unterscheidet sich vom Tier am meisten in den analen Gebräuchen und in der Entwicklung seines Geistes. Zwischen beiden Phänomenen besteht wahrscheinlich ein Zusammenhang.

Der Mensch wähnte sich sauber, das Tier dreckig. Es erweist sich das Umgekehrte. Der scheinbar saubere Geist macht den schlimmsten Dreck, den die Erde je erlebt hat.

Heilung bedeutet Anfreundung mit der Scheiße, mit dem eigenen Boden. Nach innen gehen, Bauchgefühl üben, Machlust zulassen, Belebung der Dinge probieren, eine Beziehung zu ihnen anknüpfen. «Kreativitätstraining» heißt es schon mit einem noch eher anorganischen Wort.

Der Begriff «anal» muß befreit werden von seinem negativen Sinn, den er in der Nachfolge Freuds durch die Psychoanalyse bekommen hat. «Analer Charakter» bedeutet: ein Mensch, der geizig, zwanghaft, ordnungsbesessen und umgangsgestört ist. «Oral» und «genital» blieben wertneutral. Alle Lustbewegungen können deformieren, aber von «oralem» oder «genitalem Charakter» spricht die Psychoanalyse kaum oder nicht. Das Verhältnis der psychoanalytisch Sprechenden zum Analen ist so gestört wie das aller Menschen, woraufhin der Begriff, kaum angewendet, sich ausschließlich negativ durchgesetzt hat. Anal ist so positiv wie oral und genital. Es ist das Schöpferische.

Das «anale Zeitalter»

Die drei lieblichen Stellen des Menschen haben ihre Not. Mund, Geschlechtsteile und Loch sind Öffnungen oder haben Öffnungen, aufzunehmen, herauszugeben oder zu verbinden. Verkümmert, verschüttet und verschlossen können sie nicht mehr Leben entfalten. Die Zeit ist von ihren Leiden durchdrungen: Einfüllsucht, Beziehungslosigkeit und Zerstörungsdrang. Die oralen Schwierigkeiten lassen die Zeitgenossen nicht mehr genital, sondern anal werden. Die analen Schwierigkeiten zwingen sie in die Deformation.

An allen Orten, zu allen Gelegenheiten kann das Bilderbuch des

Müllzeitalters aufgeschlagen werden: «Entfremdet» ist das Kennwort der Gegenwart. Die Menschen waren für Nähe zwischen Menschen (oral, genital) und für Nähe zu Natur und Dingen (anal) eingerichtet. Aus Direktheit wurde Indirektheit, aus Nähe wurde Ferne. Überall schieben sich Apparate vor die Menschen, Maschinen, Fließbänder, Computer. Nicht nur bei der Arbeit, auch zu Hause entschwinden die Kontakte. Kein Briefträger, kein Milchmann, kein Schornsteinfeger. Die Fahrt in einer Stadtbahn, der Einkauf in einem Geschäft werden von technischen Vorrichtungen geregelt, die die Menschen schleusen, schieben, einsaugen und ausstoßen.

Von schweren Zeiten, Kriegs- oder Nachkriegszeiten «schwärmen» die Menschen, weil die sie zum Beieinandersein gezwungen haben. Das Chaos wurde erduldet, weil es ihnen Oralität und Genitalität der Verhältnisse wiederbrachte. Die Menschen erlebten die Vermischung, das Durcheinandergeworfen- und das Zusammengepreßtwerden befriedigender als die Abgetrenntheit in den ruhigen, guten Zeiten.

«Entfremdet» ist anorganisch. Alles ist unverständlich, undurchschaubar geworden. Daran haben die Menschen verquere Lust, denn sie machen die Welt täglich so, und sie halten es in ihr aus. Diese Welt wird «toll», «irre», «wahnsinnig», «ungeheuer», «unheimlich». Die Menschen drücken es mit ihren Lieblingswörtern aus, die sie in jedem zweiten Satz als Füllung benutzen, scheinbar gedankenlos dahergeplappert. Am häufigsten und liebsten sagen sie «unheimlich». «Unheimlich» = ohne Heim, ohne Nähe.

Der Drang nach Müll richtet sich nicht nur auf Müllprodukte, sondern auch auf Müllgeschehen. Die Menschen haben Begierde auf Vorgänge, die für sie fremd sind, die sie nicht ergreifen und nicht verarbeiten können. Sie genießen das. Die Medien «Zeitung», «Film», «Funk» und «Fernsehen» befriedigen diese Begierde, füllen die Menschen mit Fremdvorgängen, die durch sie ohne Stoffwechsel der Bewältigung hindurchgehen.

Weil die Menschen nichts mehr verarbeiten, können sie beliebig aufnehmen. Ihre Erlebnisse multiplizieren sich. Nur noch Eindrücke anstatt Erfahrungen (oral), anstatt Erkenntnissen (anal).

Fernsehen und Zeitungen verhindern morgens und abends die Selbstbeschäftigung und den Kontakt mit anderen Menschen. Ein neues Bedürfnis ist entstanden: Information. Das ist Verlangen nach Überschwemmung mit Nachrichten, die den einzelnen meist nichts angehen, die ihn nur wie Unverdauliches auftreiben. Das Informationsbedürfnis hat das Bedürfnis der Menschen nach Wahrnehmung ihrer selbst und anderer ersetzt. Gespräch und Gebet ersticken vor der Mattscheibe.

Die Sprache verrät alles: «Matt» kommt von «ermatten». Und «eine Scheibe hat», wer beschränkt ist. Auch das Wort «In-formation» verhöhnt das Geschehnis. Menschen wollen mit Information innerlich geformt werden, gebildet, strukturiert. Information gibt aber nicht Struktur, sondern löst sie auf, statt Form Durchfall.

Die alte Eisenbahn pflegt noch das Beieinandersein der in ihr fahrenden Menschen. Das Auto trennt ab. Es trennt Mensch von Mensch, Mensch von Natur, sogar Mann von Frau. Der «Stern» zeigte es deutlich: *Das Auto – 60 Extraseiten über das liebste Kind der Deutschen*.* Zu sehen auf dem Titelblatt sind eine Frau und ein Mann im Bett. Beide berühren zärtlich ein Auto, das zwischen ihnen liegt.

Das Auto ist das Wahrzeichen des Zeitalters der analen Deformation. Menschen rasen als Feinde von anderen Menschen und von Natur auf Naturtötungsstreifen durch Natur. Rasen! Autos schleppen sich in Schlangen voran wie Scheiße im Darm. Anhalten, weiterrutschen, verstopfen. So schieben sich die Menschenlieblinge «Autos» als Industriescheiße mit Gasen durch die Landschaft.

Das Auto ist Repräsentant der sado-masochistischen Grundstimmung des Zeitalters. Die Fahrer sind Sadisten. Sowie Menschen in Autos sitzen, werden sie böse, rasen, lärmen, quietschen, gefährden, verletzen und töten Menschen und Tiere, sausen und donnern durch Ortschaften an Häusern vorbei, als hätten sie noch nie etwas davon gehört, daß hinter den Fenstern andere Menschen sitzen, essen, reden und schlafen, daß sie zur Tür herausschauen und auf die Straße treten wollen. Die Nicht-Auto-Fahrer sind Masochisten, gehen neben den krachenden Metallunwesen scheinbar seelenruhig, harren auf Knall und Unfall. Die Autos stoßen schädliche Gase aus, die Fußgänger atmen sie ein. Auch neue Häuser werden an Autobahnen und Schnellstraßen gebaut, als ob Gefährdung, Geräusche und Gase keine

* Nr. 38 v. 14. 9. 78

Zumutung für die Bewohner wären. Aber vielleicht ersetzt ihnen der Krach die Zuwendung. Menschen können die Stille nicht mehr gut ertragen. (Ohr will Zuführung, Einführung bekommen wie Mund, aus oral wird otal.)

Das Auto ist menschenähnlich. Es bedarf zugeführter Stoffe (Benzin, Öl, Wasser...). Es scheidet Reststoffe aus (Gase). Es bewegt sich. Das Auto gibt soviel Angenehmes, was beim Menschen «unangenehm» geworden ist, das Auto ist wie ein Mutterbauch: Der Mensch kann in ihm sitzend, mit ihm schwebend kindisch werden. Das Auto ist Metallpartner, den Menschen längst lieb wie Blut- und Fleischpartner. Es gibt, bedient, wendet unzählige Leistungen zu, alles nur auf Knopfdruck. Das Auto bewegt sich. Der Mensch ist mit ihm genital, fährt hin und her, stößt andere Autos an. Das Auto ist auch wie Haut oder Kleid, schützendes Kettenhemd. Das Auto ersetzt dem Menschen industriell, was er nicht mehr ist, nicht mehr hat, nicht mehr tut.

Das «anale Zeitalter» ist Fäkalzeitalter. Industriemänner buddeln aus der Erde, was die verdaut hat: Öle und Gase = Reste von Bäumen, dazu gedacht, unten und innen zu bleiben. Männer holen sie hervor und beziehen daraus Wärme und Energie. Ihren eigenen Müll aber verteilen sie ungenutzt, wo überall sie es noch können. Hätten sie keine Abwehr gegen Scheiße, würden sie aus ihren organischen wie anorganischen Abfällen Energie herstellen. So aber betten sie Müll aller Art in Natur, anstatt aus ihm wieder Vorteile für das Leben zu holen, was technologisch möglich wäre. Technologisch könnte der Mensch/Mann wie Natur mit Natur kreisen, Stoffe wechseln. Aber er will es nicht. Er kann es seelenkrankheitshalber nicht.

Luft ist immer weniger oral (frisch), wird immer mehr anal (vergast). Die Fortbewegung der Menschen in Autos und Flugzeugen, der Transport ihrer Produkte in Lastwagen sind eine Orgie des Gasablassens, die keine Sekunde des Tages und der Nacht mehr aufhören wird. Kommen aus Legionen von Schornsteinen Dünste, Schwaden und Räucherungen hinzu, dann schließt sich über den die Luft einatmenden Lebewesen unerbittlich eine Stinkdruckkuppel zu. Der Atem ist das Leben, das Gas ist der Tod. Unmerklich mischen die Industrieväter Tod ins Leben.

Mit Holz zu heizen, war noch harmlos, mit Kohle und Öl (Stoffen von unten, die nach oben gezerrt werden), wurde es langsam lebensungemütlich. Mit Atomkernspaltung zu heizen (mit einem Vorgang im innersten Innen von Stoffen), ist eine Herausforderung des Todes.

Die Sonne ist noch da. Sie ist nicht zu übersehen. Sie ist das Zeichen für glückliche Wärme. Sie ist Wärme, gibt Wärme ab. Anal-deformierte Väter können nicht denken und nicht entwickeln, aus Sonne, aus oraler Quelle, ihre Bedürfnisse zu stillen.

Die Gebäude halten sich mit aircondition eigene, reine Innenluft, bei deren Herstellung die Außenluft verunreinigt wird.

Sprays! Welch ein Schildbürgerstreich. Das produzierte Stäuben zerstört allmählich die Naturgasbalance. Die entwichenen künstlichen Gase werden den natürlichen schädlich.

«Intensivdeo»! – Gott? Intensiver Gott? Nein, «Deo» kommt von «Deodorant», kommt von «Desodorieren», heißt «Entdüften», Geruch kaputtmachen. Menschen sollen nicht mehr duften, Industrie schiebt deren Düfte ab. Duft und Geruch sind Mittel der Kommunikation. Der Mensch kann mit ihnen anziehen und abstoßen. Entduften heißt Verallgemeinerung voreinander aufrichten. Düfte auslöschen, ist extinktiv, nicht intensiv. Intensiv ist eine Beziehung, ein glücklicher Umgang unter Menschen, eine glückliche Selbstbeschäftigung, eine geglückte Beschäftigung der Menschen mit Gegenständen.

Mit Oralem und Genitalem zu täuschen, ist Prinzip des Zeitalters. Damit die Wirtschaft funktioniert, setzt sie in ihrer Werbung Oralität und Genitalität ein, die bei den Menschen nicht mehr funktionieren. «Das Echo eines schönen Duftes – Limara, Parfümdeo, fünf bezaubernde Duftnoten...» Das ist ein Werbesatz, der sich ins Gemüt schmeichelt wie das Wiegenlied der Mutter für ihr einschlafendes Kind: «Der Mond ist aufgegangen», «Im schönsten Wiesengrunde...» Gesungen wird nicht mehr, auch nicht mehr austauschend miteinander gesprochen, es werden nur Nachrichten hin- und hergeschoben, auch Briefe werden nicht mehr geschrieben. Es gibt nicht einmal mehr Dichterkorrespondenzen, nur ein paar Telegramme zwischen Günter Grass und Max Frisch.

Korrespondenz kommt aus Genitalität; sie ist ausgetrocknet. Niemand liegt mehr an der Schulter eines anderen, nicht tatsächlich und nicht im Geiste. Niemand öffnet sich zur Mitteilung. Keine großen Freundschaften, auch keine großen Feindschaften kennt das Zeitalter.

Menschen hängen sich an die Strippe, betreiben telefonieren als lutschen: «Wie geht es dir? Mir geht es schlecht.»

Schreiben, zueinanderkommen, aug-in-augesprechen, kontinuierlich – das verlangt Struktur. Beim Zusammentreffen der Menschen als Krater und Kloake geschieht Strukturauflösung. Ansaugen an alles, was der andere ist, absaugen alles, was der andere hat. Über-ihn-herfallen, ausschütten alles, was an Unverdautem, Unbewältigtem in einem fault. Anstatt Beziehungen einzugehen, können Menschen sich nur noch anklammern, an Menschen, an Sachen. Immer mehr Menschen wollen sich anklammern, immer weniger Menschen wollen Anklammerung zulassen. Also müssen die Menschen sich an Sachen hängen, Kinder von Produkten werden.

«Nicht knutschen, sondern lutschen», plakatiert das Wirtschaftsunternehmen, das «Kathrinchen, die Lakritzlatzen» verkaufen will. Knutschen ist mitmenschlich, geht ins Geschlecht, entflammt Genitalität aus Oralität. Soll nicht sein, kann nicht sein. Dem Mund wird der Mund genommen und ihm ein Lutscher oder eine Lakritzlatze hineingeschoben. Dann bleibt er unersättlich. Knutschen befriedigt, lutschen nicht. Dem Mund wurde die Brust, das Mutterlächeln und -kitzeln genommen. Schnuller rein, Stöpsel zwischen die entbehrenden Lippen.

Die genital nicht durchgedrungenen Frauen haben keine Lust auf Säugen. Die Menschenunlust erstreckt sich auch auf die Kinder. Säugen ist Kontakt, ist Leiblichkeit und Nähe. Das orale Defizit hat Angst vor ihnen, Unlust an ihnen erzeugt. Frauen wehren die Berührung mit dem Säugling ab, wie die Berührung mit erwachsenen Menschen. Und der aufs neue enttäuschte Mund muß aufs neue darben. Deswegen Zigaretten – dieser oral-anale Kurzschluß, Rauch in die Lunge statt Luft, Mutter-Wieder-Anschluß, saugen, Odem hereinnehmen wollen, Nervosität und Aktion und Aggressivität wegmachen, Busen verstopfen, Gefühle dämpfen, Kontakt vermeiden. Wenn Menschen zur Tür zu Menschen hereinkommen, zünden sie sich eine Zigarette an. Eigentlich wollten sie lutschen. Für Erwachsene bedeutete es: Sie wollen küssen, sofort, und sie wollen nur küssen, nicht als Vorspiel zum Geschlechtsakt, sondern als selbständige Lust des Mundes geäußert. Ohne weiteres geht das aber nicht – Küssen unter Erwachsenen! Dafür geht aber Rauchen immer.

Die Werbung «oral» gibt Wärme, Vertrauen, Geborgenheit vor, als transportierte sie mit ihren Produkten eine späte Mutter in die Zimmer. Die oral nicht erfüllten Menschen kaufen und hoffen auf nährende Zuwendung von Waren. Der Werbespruch erscheint süß (oral). Das Ergebnis ist bitter (anal). Betrug meist in der Sache. Die Produkte sind zu teuer, zu schlecht, gehen kaputt, und eine Mutter kommt mit ihnen sowieso nicht ins Haus.

Die Werbung «genital» nutzt die Lebenslücke glücklichen Geschlechtes aus. Einem genital befriedigten Menschen könnte eine Werbung mit Schlaglichtern auf Fetzen von Geschlechtsgeschehnissen nichts anhaben. Nur mit einem nicht-gelebten Geschlecht verfällt der Mensch genitaler Werbung. Denn das Kaufen von Produkten, für die mit genitalen Reizmitteln geworben wird, heißt: Ich bin mit der gekauften Ware wieder dran am Geschlecht. Ich kaufe mir ein Alibi, daß ich geschlechtlich noch reagiere. «Jawoll, auf die Puppe bin ich geil, die da bei dem Apparat sich dreht, die auf der Maschine sich krümmt, die sich vom Titelblatt renkt.»

Ach, alles Kaufen ist ein Hin und Her zwischen Geld und Produkt. Hin und Her war die Erfindung des Geschlechts. Kaufen hat aber mit Geschlecht nichts mehr zu tun. Kaufen ist Dämpfung oralen Verlangens mit analen Mitteln.

Glückliche Hunde transportieren die verrosteten Emotionen zwischen Mensch und Mensch. Noch glücklicher sind Hunde als Reste von Mitmenschlichkeit, wenn Mensch bei Mensch fehlt und nur noch Hund bei Mensch zurückbleibt. Hund kann und darf noch, was der Mensch nicht mehr lustvoll kann und darf: spielen, riechen, scheißen, bellen, betteln, lecken und ran an alle Öffnungen seiner Artgenossen.

«Ich habe bis zu dreizehn Tabletten am Tage genommen», sagt eine Frau zur anderen im Zuge oder auf der Straße oder im Wartezimmer eines Arztes. Pillen! Endlich Füllung. Tabletten sind Zuwendungsersatz, Chemomutter kleingepreßt. Zum Arzt flüchtet sich die geschundene Mitmenschlichkeit: «Herr Doktor, hier bin ich noch nicht operiert.» Operieren. Endlich Eindrang, Kontakt, wenn auch nur mit Messer und bewußtlos erlebt.

Das Zeitalter ist hocherkrankt. Industrien schossen aus dem Boden für Krankheit. Alles ist erforscht, um mit den Krankheiten umzugehen, nicht, um sie zu verhindern. Die tückische Erfindung «Hygiene» stellt sich als Kampf gegen die Scheiße dar. Gesundheit kommt aber nicht aus dem Kampf gegen die Scheiße, sondern aus einem guten Verhältnis zu ihr. Hygiene schafft Krankheiten wie Kunstdünger Pflanzenschädlinge. Das Künstliche verlangt unabdingbar nach neuem Künstlichen. Erst Kampf gegen die Insekten und Krankheiten und dann Kampf gegen die Wirkung der Bekämpfungsmittel.

Die Eigentümlichkeit der Zeit: nahsauber, ferndreckig. Wäsche weiß und Körper seifenabgeätzt. Aber der Dreck, den das Waschmittel macht, wenn es produziert wird, ist ein vielfacher: Ruße, Schutte, Gifte drücken, lagern, quellen mehr und mehr und überall. Der Fernschmutz rückt den Menschen immer näher auf den Leib, den sie immer schneller mit immer ausgekochteren Saubermitteln saubermachen wollen. Hygiene entlarvt sich als Mittel der Zerstörung von Nähe und Berührung. Sie gilt nur für den Nah-, nicht für den Ferndreck – der aber ist der gefährliche, dem aller Sauberkeitseinsatz zu gelten hätte.

Der Tod ist deformiert worden. Menschen können nicht mehr richtig sterben. Sie warten und warten auf Versöhnung mit ihrem Anfang, auf Beelterung. Sie werden in Krankenhäusern und Pflegeanstalten verhöhnt, denn dort kommt nicht endlich Mutter, dort reglementiert sie die Verwaltung. Das Siechtum wird als Nichtleben- und Nichtsterbenkönnen beschrieben. Das ist es, nicht mehr im Kreislauf sein, irgendwo zwischendrin hängen. Der Tod ist Teil des Lebenskreislaufes. Er ist Umschichtung von Zustand zu Zustand, von Bio zu Mineral zu Bio. Aus Zellen wird Humus, aus Humus wird Stoff, aus Stoff wird pflanzliche Zelle, aus pflanzlicher Zelle wird tierische Zelle. Der Tod ist als Miteinander von Mensch und Natur gedacht.

Selbstmord ist anal. Mord ist ein Zeichen verunstalteter Genitalität, ist Mitmenschlichkeit im Ausdruck leiblichen Gegeneinanders. Selbstmord ist kein Zeichen von verkrümmter Mitmenschlichkeit. Die Menschen sterben fast alle nur noch selbstmörderisch, demonstrativ oder verschleiert. Hand-an-sich-Legen oder Unfälle, Lebenslaufkatastrophen, die seelisch und / oder körperlich den Zusammenbruch erzwingen. Der Tod durch Autounfall ist eine bevorzugte

Form des Selbst- oder Fremdmordes. Aber er ist keine echte Aggression mehr, sondern Destruktion. Blecheinheit rammt Blecheinheit, löst Struktur der Maschine auf. Und dabei sterben dann noch zufällig die Leiber.

Die Kriege entleibten sich. Immer mehr Materialschlachten, immer mehr Fernausrottungen, immer weniger Kampf, nicht mehr Mann gegen Mann. Militär wird überflüssig, leider nicht Zerstörung. Die zukünftigen Schlachten der Institutionen- und Unternehmenspatriarchate werden im Sitzen erledigt werden wie das Autofahren: Raketen, Atom-, Wasserstoff-, Neutronenbomben nur einfach losgesteuert. Ohne Genitalität keine Lust von Mann mit Mann gegen Mann. Ohne Lust am Menschen keine Verteidigungslust. Und was soll Verteidigung von Boden, Erde, Heimat, wenn es zu ihnen keine Beziehung mehr gibt? Die Zweieinhalb-Zimmer-Wohnung im 7. Stock der Trabantensiedlung ist so wenig Heimat wie Verteidigungsobjekt.

Die anale Deformation ist für Frauen eine besondere Zumutung, weil dadurch die Beschäftigung mit Schwangerschaft und mit Kindern aus dem notwendigen Lebenseinklang gerissen wird. Die Verunstaltung des Nach-innen-Fühlens, die aus der fremdbestimmten Regulation des Scheißeanhaltens herrührt, macht Frauen Schwangerschaft fast unmöglich. Schwangerschaft heißt Sensibilität für Innen, Konzentration auf sich, auf die Geschehnisse des Heranwachsens im Bauch. Diese Konzentration kommt dem Embryo zugute. Er wird in Aufmerksamkeit gewiegt, ehe er in der Wiege liegt. Unfähigkeit zur Konzentration nach innen beeinträchtigt schon die früheste Lebenszeit. Die Störung des Menschen beginnt noch vor dem Oralen.

In den Vorstellungen der Kinder vom Gebären wird Gebären mit Scheißen gleichgesetzt und beides aus dem Loch gedacht. Scheißen und Gebären sind einander nah. Gebären ist eine außerordentliche Form von Scheißen. Die frühen Einzeller der Natur hatten für Scheißen und Gebären nur ein Loch, und bei den höheren Tieren liegen Scheide und Loch dicht beieinander. Gebären und Scheißen müssen mit Druck geschehen. Früher gebaren die Frauen auch im Hocken, was sie bei einigen Eingeborenenstämmen noch heute tun. Wenn die Frauen ein gestörtes Verhältnis zum Machen haben, dann können und wollen sie nicht mehr richtig gebären. Immer mehr schwierige, verzögerte Geburten. Immer mehr Frauen bekommen immer weniger Kinder in immer schwereren Geburtsvorgängen und bringen immer mehr beeinträchtigte und mißgestaltete Kinder zur Welt. Strukturauflösung schon im frühesten Moment der Strukturbildung.

Kind macht Dreck. Frau, die Dreck nicht liebt, liebt Kind nicht. Frauen assoziieren Kinder tatsächlich als Scheiße, ekeln sich vor ihnen.

Mit der verunstalteten Beziehung zur Scheiße verunstaltete die Beziehung zum Kind. Auch das Kind ist im Bild der Gesellschaft nicht mehr anwesend. Kind und Kindlichkeit sind ebenso im Charakteristischen der Industriepatriarchate ausgemerzt wie Mutter und Mütterlichkeit. Erst eine Proklamation wie das «Jahr des Kindes» macht bewußt, was geschehen ist. Proklamationen sind notwendig für Geschehnisse, die aus dem Bewußtsein verschwunden oder von ihm noch nicht erfaßt sind. Das verschwundene Kind ist doch aber da. Scheiße mußte sich ihre Wegdrängung gefallenlassen; das Kind hat Selbständigkeit, läßt sich Verdunstung nicht gefallen. So kämpft es zwischen Sauberkeitsdrill und Kindesmißhandlung seinen mühevollen Weg in die Verunstaltung, hofft auf Lebenlassen, wenn es sauber, puppig und brav wird, wenn es sich durch Entbehrungen und Mißhandlungen mutterbinden und für Funktionen benutzen läßt.

Die Arbeit im 20. Jahrhundert ist ein Zeugnis analer Deformation. Statt Trieb Betrieb. Lebensrhythmus, Tageszeiten, Jahreszeiten zerschnitten. Neonlicht, Klimaanlage, acht Stunden täglich, fünf Tage wöchentlich, montags bis freitags, vier Wochen jährlich frei – und das vierzig Jahre lang und plötzlich Halt, auch plötzlich arbeitslos inmitten der vierzig Jahre. Dann fällt die Seele hin und aus ihr kommt unverarbeitet Faules.

Faulsein gehört zum Tätigsein wie faulen zu leben. Faulen(zen) heißt wiederherstellen, sich umschichten zu Neuem. Das dürfen die Menschen der Institutionen- und Unternehmenspatriarchate nicht. Und also können sie es nicht mehr. Es verlangt sie nach der Durchdreharbeit, die die Wirtschaftssysteme heute benötigen. Nichtarbeiten bedeutet, in die eigene seelische Scheiße fallen. Kein Mensch ist für den Menschen da, mitzuhelfen, guten Mist aus Seelefaulen entstehen zu lassen, woraus Sich-Verändern möglich wäre. Und deshalb

97

überall Abneigung gegen Faulsein, Seelemisten. Lieber also Arbeitszwang, Arbeitswut, kurze Pause, weiter. Ruhe geht nicht mehr, denn dann forderte die Seele Arbeit für sich, und Seelenarbeit ist Mistarbeit.

«Das ist auf deinem Mist gewachsen», hieß es, wenn die eigene Identität gefühlt und gezeigt wurde. Heute arbeiten alle ununterbrochen irgend etwas, egal was, nur Ablenkung. Nichtarbeiten (nicht sich hetzen) ist nichtleben. Die Rentnerkollapse beweisen es. Da die herrschenden Väter zu Institutionen und Unternehmen geworden sind und Funktionswahrnehmende und Machtausübende brauchen, arbeitet heute niemand nicht.

Früher, als herrschende Väter noch Personen waren, arbeiteten im Feudalismus zumindest die Herrschenden nicht. Die Menschen, die heute nicht arbeiten, sind in Krankenhäuser und Anstalten gesperrt oder der Arbeitslosigkeit ausgesetzt worden. Nicht arbeiten wird nur mit körperlichen oder seelischen Schmerzen erlaubt oder aus wirtschaftlichen Interessen der Unternehmer erzwungen. Früher saßen Nichtarbeitende oben, heute sitzen sie außen.

Befreiung von Arbeit hieß nie, gar nicht zu arbeiten. Die Menschen wollten nicht so unterdrückt, so viel und so schwer arbeiten. Die Väter sagten: Ihr müßt so arbeiten, im Paradies braucht ihr es dafür nicht mehr. Das wollten die Menschen nicht. Selbstbestimmend, nicht zuviel und nicht zu schwer zu arbeiten, bereitete ihnen Freude. Nun ist das Paradies auf eine verlogene Weise da. Die unterdrückerische Arbeit ist geblieben. Die Vertreter der Herrschaft arbeiten auch. Alle Arbeitenden erscheinen gleich. Nur die Unlust gegenüber selbstentfremdeter, hetzender Arbeit ist abgeschafft worden, umgepreßt in Drang nach Unterdrückungsarbeit, die die Menschen unter Väterverhältnissen schon immer tun mußten. Der Sklave, der den Stein schleppt, unterscheidet sich nicht vom Arbeiter am Fließband. Steinschleppen war genitale Unterdrückung. Fließband ist anale Unterdrückung.

Der schluckende, der rasende, der apparatkontaktende Mensch tut so, als käme er genital mit dem Leben zurecht. Er gründet tatsächlich noch immer eine Familie. Die Familie des «analen Zeitalters» ist ein Schlachthaus. Fortpflanzen braucht glückliche Geschlechtsteile, Münder und Löcher: Nähe, Beeinflussung, Auswahl, Dauer (oral), austauschen, auseinandersetzen, verbinden (genital). Und Fruchtbarkeit ist ein Gesetz des Bodens. Die Lust, fortzupflanzen, braucht Nähe zur Erde (anal). Fortpflanzen im neunten Stock Beton, dort Heimat anlegen für Nachkommen, gelingt immer schlechter. Auch die Eigenheime mit Rasen darum sind nur Kapseln zum Drinsitzen, nicht mehr Häuser zum mitmenschlichen Aus und Ein. Kleinfamilien-Bürgerburgen verbarrikadieren den Nächsten vor dem Nächsten: Impotenztempel, Frigiditätspaläste. Und dort hinein die Kinder!?

Die Menschen fliehen aus ihren Burgen, stürzen sich erneut in Autos, in Streß, in Konsum, in Krebs. Eine besonders beliebte Flucht: der Herzinfarkt.

Das Herz ist das Wahrzeichen für Miteinander, für Oralität und Genitalität. Der Menschenumgang ist falsch, entmenscht und verlogen, das Herz wird beleidigt. Es schlägt falsch, es muß für Unechtes schlagen. Lieben und arbeiten sind nur noch Betrug am Menschen – da bricht das Herz bei Arbeitsrasen und Geschlechtsjagen zusammen.

Nicht Überlastung läßt Herzen stolpern, sondern Selbst- und Fremdtäuschung.

Die Familie bleibt hartnäckig der letzte Glaube, den die Institutionen- und Unternehmenspatriarchate von ihren Unterworfenen verlangen. Und die merken nicht, daß sie mit «Gründen einer Familie» auch sagen könnten «Einrichten einer Hinrichtungsstätte». Die Beschädigung oder Zerstörung mindestens eines Menschen ist bei allen Familiengründungen gewiß. Frau und Kind sind zuerst dran, der Mann kommt schon allmählich nach.

Wozu noch Familie? Die Menschen haben keine Eigenschaften und Verhaltensweisen mehr, die sie fähig machen, sich zu binden und Menschenzusammenhänge zu gründen. Sie sind narzißtisch. Die Wissenschaft spricht schon vom neuen Sozialisationstyp «Narziß».[18]

Narzißmus ist der Universalcharakter der Menschen im Zeitalter analer Deformation. Sigmund Freud hat die seelischen Bedingungen des Narzißmus dem Verhalten des griechischen Narcissus nachkonstruiert. Narcissus ist in sein Spiegelbild verliebt, das er entdeckt, als er sich über eine Wasseroberfläche beugt. Seine Libido richtet sich auf das Bild in dieser Fläche. Er will sich ihm annähern, fällt ins Wasser und ertrinkt.

Das Geschehen generalisiert im 20. Jahrhundert sinnbildlich. Die Krankheit des Narzißmus ist nicht Selbstliebe – wie der Begriff «Narzißmus» immer wieder mißverstanden wird –, sondern die Unfähigkeit zur Selbstliebe und zur Liebe anderer, die beide miteinander in unmittelbarem Zusammenhang stehen. Die biblische Aufforderung: «Liebe deinen Nächsten wie dich selbst» enthält die Definition des liebenden Verhaltens. Narcissus liebt nicht sich selbst und nicht das Wasser, sondern die Spiegelung von sich selbst.

Der 20.-Jahrhundert-Narziß ist so in seinem Ich erkrankt, daß er weder sich noch andere lieben kann. Narzißmus ist eine Ich-Störung. Ich-Störungen sind orale Störungen. Je schlechter die orale Befriedigung, um so ausgeprägter entsteht Narzißmus.

Das Ich beschrieb Freud als den Niederschlag der Objektbeziehungen. Erstes und im kleinfamiliären Muster leider einziges Objekt des Kindes ist die Mutter. Sie formt durch Zuwendung zum Kind dessen Ich. Das Kind wird dadurch selbst fähig, sich dem eigenen Ich, anderen Personen und Dingen zuzuwenden.

Ursache des Narzißmus ist ein diesem Vorgang konträres Mutterverhalten, wie es Alice Miller beschreibt.[19] Die belastete und entkräftete Mutter braucht zur Stützung *ihres* Ichs die Zuwendung des *Kindes*. Das Kind ist Krücke der Mutter.

Die narzißtischen Menschen des 20. Jahrhunderts haben nur ein Als-ob-Ich: Das Kind hat für seine Ich-Bildung nicht mehrere, sondern nur noch eine Objektbeziehung. Das einzige Objekt «Mutter» wendet sich nicht dem Kinde zu, sondern erwartet Zuwendung vom Kind. Um existieren zu können, brauchen die Menschen später andere Menschen als Ich-Krücke. In Identifikation mit dem Mutterverhalten erwarten sie Zuwendung, Konzentration und Stabilisierung von anderen. Und in Fortsetzung der Kommunikation mit der Mutter wollen und müssen sie anderen Personen Krücke sein.

Der Narzißmus läßt die Beziehungen zerfallen. Der Umgang zwischen den Menschen macht Konflikte, Aufeinander-Eingehen und Einander-Durchdringen unmöglich. Die narzißtische Kommunikation dreht sich im Kreise des gegenseitigen Scheinverständnisses.

Auch Kunst und Wissenschaft des «analen Zeitalters» sind deformiert. Autoren geben nicht mehr, sondern stoßen aus. Das Buch war eine Stätte des Miteinanders. Heute schlucken Leser, lesen quer, lassen Inhalte durch sich durchgehen wie Informationen. Das Gemälde hat den Du-Bezug verloren. Beschauer müssen anstatt betrachten rätseln. Das Theater, heftige orale Kunst, führt ein Schattendasein hinter dem Film, dem analen Fetisch des Zeitalters.

Der Film ist anorganisch. Alles ist ungewachsen, falsch, verdreht. Er wird aus Teilen zusammengesetzt. Er ist Zelluloid, Künstlichkeit. Er wird gedreht, abgedreht, geschnitten, gemischt. Die Mitarbeiter sind nach aller Filmarbeit seltsam mitgenommen. Der Film saugt sie aus. Seine Unbeseeltheit vampiriert die Seelen der Macher.

Das Theater muß echt sein, direkt, fleischlich. Das Theater ist ewig, ersteht und ersteht wieder. Diese Kunst ist nicht nur oral, sondern auch genital. Die Schauspieler tragen ihre Gedanken und die Gedanken des Regisseurs und die des Autors mit ihrem Körper, ihren Bewegungen, ihrer Sprache und ihrem Geiste vor.

Alle Kunst will heute keine Fragen mehr beantworten, keine Erklärungen geben. Sie hat Kontakt-Störungen. Regisseure, Autoren, Maler, Filmemacher weisen Erwartungen zurück, wollen keine Schau- und Leselüste gewähren. Sie reproduzieren selbst schon lustlos, und sie wollen mit ihrem Produkt nach Möglichkeit die Lust des Publikums verderben oder Menschen mit Scheinlüsten benebeln (Show und Boulevard). Sie wollen auch keine Perspektiven der Veränderung zeigen, wollen Verhältnisse nur spiegeln; am liebsten wollen sie die narzißtische Darstellung von sich selbst. Das Publikum muß Wasseroberfläche für den Autor sein. Kunst nicht mehr als Mittel für Erfahrung, Erkenntnis und Entwicklung, sondern als Ausspeien von allgemeinen und persönlichen Bedingungen.

Die Wirklichkeit verdauen und mit Form und Inhalt etwas Neues anbahnen – das wäre Kunst.

Die Wissenschaft ist steril. Sekundärwissenschaft betreibt der Student, Fußnotenwissenschaft der Dozent. Geisteswissenschaft ist Material-Wissenschaft, Naturwissenschaft ist Materie-Wissenschaft geworden. Naturwissenschaft weiß und will immer weniger von Natur, will nur noch etwas von Materie. Und überall Buchstaben- und Faktenpingeligkeit. Kein Zusammenhang mehr. Alles Wissen ist Teil geworden. Alle Teile haben sich unübersichtlich voneinander getrennt und ins Unverständliche verkompliziert. Horrende Anorganität. Unverständlichkeit ist anorganisch. Die Wissenschaftssprache ist verseucht mit Fremdwörtern und Abstraktionen. Die Väter betreiben ihre Wissenschaft als Zersetzung in unübersehbare Spezialgebiete, verständniskalt und unerfaßbar fremd.

Eine Erkenntnis resultiert aus Vereinfachung und Übersicht, sie entsteht nicht unter der Last der Sekundärvorgänge. Erkenntnis ist Strukturbildung. Die Väterwissenschaft betreibt Strukturauflösung.

Lernen heißt heute Füllen mit vielem. Aber nur das Verarbeiten von wenigem ermöglicht Schöpferisches. Gehirne sind wie Därme: zuviel in sie gestopft, läßt sie blähen. «Der Darm ist das Gehirn des Unterleibs», heißt es in der Anthroposophie. Der Vergleich ist gut. Im Englischen gilt das «digest» sowohl für denken und ordnen als auch für verdauen. Auch die Deutschen sagen: «Das muß ich erst noch verdauen», wenn sie meinen, «das muß ich mir erst noch durch den Kopf gehen lassen, muß es verarbeiten». Wenn der Bauch verstopft ist, denkt der Kopf nicht. Und umgekehrt: Erkenntnisdurchdringung im Kopf läßt Scheiße aus dem Bauch drängen. Urteilskraft ist Auswahl und Ausschluß, sie bricht zusammen, wenn Gehirne überschwemmt werden.

Das Lernen der Kinder spielt sich ab wie Intensivfutterstopfen der Kälber. Aus oralen Leiden können Kinder nicht mehr richtig aufnehmen, aus analen Leiden können sie nicht mehr gut verarbeiten. Was sie schlucken, vergessen sie wieder. Das Entsetzen aller Lernenden: unaufhaltbares Hereinschwemmen von Fakten, die gehalten werden müssen bis zum geprüften Kotzen und nicht mehr zum eigenen Scheißen verarbeitet werden können. So entsteht die instrumentelle Vernunft. Kreative Vernunft wird unmöglich nach Massendatenfütterung.

Was zeugt noch von oralem Defizit und analer Deformation? Alle Äußerungen der Menschheit sind heute davon geprägt: das Kinderkriegen, die Familie, die Schule, die Arbeit, der Krieg, die Krankheit, der Tod, die Kunst, die Wissenschaft, die Forschung, die Technik, die Wirtschaft, die Werbung, die Medien…

In unzähligen Einzelheiten drücken sich der verlangende Mund, das gekränkte Loch und das schattenhafte Geschlecht in der Gestaltung des gesellschaftlichen Lebens aus.

Anlegen von Grundbesitz. Die Menschen haben die Beziehung zu ihrem eigenen Grund verloren, brauchen Erde für ihr Selbstbewußtsein, zerteilen Erde, wuchern mit Boden, ziehen aus ihm Geld statt Pflanzen.

Das Monogamiedogma. Nur *einen* Menschen zu lieben, heißt die Menschen nicht zu lieben. Wer wirklich nur mit einem Menschen sein Leben lang intim zusammen ist, wie er es nach alter Moralvorschrift soll, ist genital gestört, ist in Wirklichkeit anal, was er hinter der einen Pflichtbeziehung verbirgt.

Frauen dürfen nur oral oder anal sein. Genitalität mußte ihnen zur Hure abrutschen. Aus oral wird = sorgen, aus anal = putzen.

Alles machen die Menschen im Sitzen, das Machen und das Arbeiten und das Fahren. Diese Haltung gab es früher kaum. Es gab hokken, liegen, gehen, sich bücken, klettern, stehen, springen, laufen, reiten.

Die Menschen können morgens nicht aufstehen. Der Anfang des Tages ist wie der Anfang des Lebens. Aufstehen erinnert an Beginnen. War der Anfang des Lebens schlecht, kommen die Menschen schlecht in den Morgen, in den Anfang des Tages hinein.

Die Menschen essen Gefrorenes aus der Kühltruhe.

Sie wollen nicht mehr in der Erde begraben werden, sie können es nicht erwarten, anorganisch zu werden. Langsam, langsam, wie es die Würmer tun, ist ihnen zu langsam. Und im Boden zu liegen, finden sie ungemütlich, neben und über anderen Leibern. Lieber schnell vergehen und ganz und gar gasförmig werden.

Die Menschen haben Unlust an der Nacht, der holden Geborgenheit. Die wäre wie Bauch, den sie nicht mehr wollen. Nacht ist Hülle. Der Bauch hat verscherzt. Sie vernichten das Dunkle, das Bergende. Gräßliche Helle, Leuchtschriften, Schaufenster, Straßenlaternen auch auf Autostraßenschleifen, die die Autos selbst beleuchten würden und auf denen kein Fußgänger sich zurechtfinden muß. Und kein in die Nacht überfließendes Licht, sondern grelles, niedertretendes Geblende.

Der Monat Dezember, «Loch» des Jahres: horrendes Geldausgeben zum Sachenpräsentieren. Die Statistiken raunen einander von Jahr zu Jahr das dicke Ende des Menschenunglücks zu: zwischen Weihnachten und Silvester steigt die Selbstmordrate am höchsten.

Partys. Beliebige Menschen kommen zuhauf, zapfen redend von anderen, saugen mit Wörtern sich gegenseitig aus.

Kalte Buffets. Stürzende Menschen, als hätten sie immer noch Kriegszeiten gerade hinter sich, verschlingen, was ihnen angeboten wird. Veranstalter wissen, mit kalten Buffets können sie Menschen locken, die anhören, die kaufen sollen, die sich beeindrucken lassen. Publicity ist kalt, das kalte Buffet offenbar warm. Das hat noch etwas von der Mutter an sich. Zu Hause haben alle an das Buffet Drängelnden die gleichen Sachen im Kühlschrank – aber kostenlos und angeboten, zurechtgemacht und dargereicht, das ist die Attraktion!

Musik umhüllt Menschen tagein, nachtaus. Rieselfelder – Musikberieselung. Musik ist entweder immer die alte (E = ernst) oder sie ist immer die gleiche als ähnliche (U = Unterhaltung). Musik kitzelt den Darm. Früher war Musik Ausdruck von Miteinandertun: Tanzen, Körperberührungen, -bewegungen, Singen, Sich-Versenken, Üben, Arbeiten. Was übrig geblieben ist, weiß jeder. Musik als Uterus: hören in der Badewanne, hören auf dem Klosett, hören im Flugzeug. Und kein öffentliches Menschenbeieinander, ohne daß eine Konserve Töne spuckt und Sprechen und Denken noch mehr erschwert, als sie es schon sind. Das soll sein, Sound: Mutter Musik soll Zuspruch lullen. Musik – Trösterin für Mund und Loch.

«*Wirtschaft*» war ein Begriff für das Orale. In der Wirtschaft gibt es Essen und Geselligkeit. Die deformierte Wirtschaft der Vätergesellschaften ließ Oralität und Genitalität erlöschen. Die so geprellten Menschen wollen nun von der Wirtschaft wenigstens im Alter «Mutterschaft». Sie nehmen 40 Jahre unterdrückerische Arbeit hin, um 10 bis 20 Jahre versorgt zu sein.

Das Bauen kommt aus dem Analen. Die Deformation zwingt die Menschen zum Dauerbauen. Früher war das Haus Mittler zwischen Mensch und Natur, war glückliche Nachmutter, heute ist es harte, kalte, weiße Ersatzmutter. Die Gebäude hatten Linien, Formen und Farben, die in die Natur überleiteten. Die Fähigkeit der Menschen, auf Natur bezogen zu bauen, ist in den letzten Jahren verkümmert. Sie machen Landschaft zu Gebäudeschaft. Das Bild von Natur wird fest und hart; sie selber werden durch ihre Häuser statisch gemacht. Die Menschen burgen sich in ihren Gebäuden ein.

Alle *Krankheiten* sind ein Beispiel für anale Geschehnisse. Geht der

Mensch zu sehr aus sich heraus, zwingt die Krankheit ihn, nach innen zu lauschen, langsam zu machen, Falsches zu ändern. Als vorübergehend ist die Krankheit ein Mittel zur Lebenserhaltung. Als dauerhaft ist sie ein Mittel zur Lebensvernichtung. Als Dauererscheinung ist die Krankheit ein Beispiel analer Deformation. Der Mensch in immerwährendem Verwesen.

Sucht, Depression und Krebs sind Zeugnisse analer Deformation. Nicht Viren- oder Bakterienaggression gegen den Körper, sondern Autodestruktion (Selbstauflösung). Die Mittel, auf die die Menschen süchtig sind, lassen die Struktur zerfallen. Schon das allgemeine Verhalten der Süchtigen äußert sich unstrukturiert. Der Vorgang der Depression wird als Ich-Auflösung beschrieben. Der Krebs beginnt als Unstrukturierung und endet als Strukturzerfall.

Der Krebs ist die markanteste Krankheit analer Deformation. Anhalten, Nach-innen-Gehen, Selbstgefühl ist den erkrankten Menschen unmöglich gewesen. Krebs ist ein Ergebnis von Selbstlosigkeit. Der Mutterschwund wäre noch aushaltbar, wenn Menschen mit Boden und mit Dingen und mit sich selbst umgehen könnten, wenn sie sich sinnvoll beschäftigten. Mutterschwund *und* Bodenschwund können Menschen nicht verkraften. Soweit das Zeitalter ihnen das zumutet, liefert es alle an den Krebs.

Gefängnisse sind die Folterkammern des «analen Zeitalters». Früher waren Strafen genital: quälerisch berühren, Körper traktieren. Nichts hat sich humanisiert. Heute sind die Strafen oral und anal. Die Einzelzelle ist eine Tortur für Menschen, die nicht allein sein, die sich nicht mit sich und ihrem Inneren beschäftigen können.

Behörden. Zum positiven analen Verhalten gehört Ordnungmachen. Das gelingt in der Deformation nicht mehr. Die Wirtschaftsmenschen verschmieren ihre Zivilisationsscheiße, anstatt sie wegzumachen. Der deutlichste Niederschlag von Verschmieren ist das moderne Verwalten: faulendes Stehenlassen menschlicher Vorgänge, die auf den Mist gehörten. Die Lust am Verschmieren ergab Behörden: faßbar in stahlbeton-hocherrichteten Klötzen.

Merkwürdig ist der *Kirchenverlust.* Diese dicken, großen Mutterbäuche stehen leer. Überbleibsel aus Zeiten, in denen die Menschen gern im Bauch einkehrten. Der Kirchenschwund ist nicht Religionsschwund, sondern Mutterschwund. Religion (Väterlichkeit) war den Menschen immer ziemlich egal, aber Mütterlichkeit nicht. Kirche: Mutterseligkeit, Eingang in Geschlossenheit, Ruhe, aus der die Sammlung des Gemütes und die Erkenntnis des Geistes kommen. Und wie oral beglückend ist Kirche – singen, reden, hören, schauen, riechen, beichten, auch essen und trinken den Leib des Gottes.

Die Kirche wurde böse, als die Mutter endgültig böse wurde. Aus dem Bauch erfahren die Menschen keine Beglückung des Geistes und der Seele mehr.

Der Kirchenschwund ist auch Bodenschwund. Durch die Verunstaltung des «Anhaltens» wird dem Menschen die Versenkung unmöglich. Erlöschen allen Glaubens. Der Glauben war ein Ausdruck ungestörter Analität: in sich gehen (Meditation), aus sich herausgehen (Mystifikation).

Anstatt In-sich-Gehen: wütendes Bohren im Bio- und Materie-Innersten, Genforschung und Atomkernspaltung, Maulwurfwühlen nach den Lebensgesetzen, die sich mit Zerspalten und Eindringen nicht finden lassen. Und was ist aus dem Aus-sich-Herausgehen geworden? Auch das Übersinnliche kann nicht mehr aus dem Bauch des Menschen kommen. Die Mystik übernehmen Satellit und Rakete, technische Produkte, ganz nah am Außerirdischen. Aber sie haben dem Menschen das Außerirdische weiter weggerückt, als es für ihn je war.

Kein Kontakt zum Boden, kein kontinuierliches Geschlechtsleben. Der Drang nach entfremdeter Arbeit, an die Stelle der Lust an Boden und nach Geschlecht getreten. Mensch als schwebendes Einzel, nur noch fahrend, fliegend, rasend. Und die Banane technologisch in den Mund, zu jeder Zeit Bananen und Licht und Wärme und Wasser und Musik und Bedienung aller Art nach Knopfdruck: Das ist das Paradies. Wie konnte es anders sein, das Paradies ist die Hölle! Früher war in der Vorstellung die dreckige Hölle vom sauberen Paradies getrennt. Hölle war Loch, Paradies war Mund. Je mehr die Väter danach trachteten, das Paradies auf Erden einzurichten, um so mehr schufen sie Hölle. Das abgetrennte Loch hat unerbittlich seine Interessen durchgesetzt, hat sich in die Reinheit aller Himmel eingeschmuggelt.

Die Absichten der Kinder

Angepaßt an das Zeitalter analer Deformation müssen die Menschen siechen. Wer sich in die spätpatriarchalischen Bedingungen der Väterwirtschaften einfügt, wird schlecht leben, früh oder / und qualvoll sterben. Gegen die Verhältnisse zu kämpfen, ist sinnlos. Es gibt andere Möglichkeiten der Wehr: daneben zu leben. Der Satz des Theodor W. Adorno: «Es gibt kein richtiges Leben im falschen» ist wahr. Aber es gibt richtiges Leben *neben* dem falschen. Das bedeutende Wort der Zeit heißt «alternativ». Der umgewandelte Adorno-Satz müßte exakt heißen: Es gibt ein anderes Leben neben dem falschen.

Patriarchat kann nicht bekämpft und nicht zersetzt, es kann nur überwunden werden. Und die Überwindung wird sich im Verhalten der Menschen abspielen. Sie werden sich «entschlacken». Oder es kann auch heißen: Sie wachsen heraus aus patriarchalischem Sein und Tun. Diese Erneuerung wird nicht mehr absolut und total sein. Jeder Mensch wird für sich etwas entwickeln. Jeder hat eigene Möglichkeiten, selbstgewählte Formen, sich aus den Zwängen herauszuwinden. Alle Lebens- und Verhaltensweisen, die die Menschen vor Siechtum und Zerfall retten können, sind gut. Also kein Programm mehr für alle, keine Bestimmung, wie Befreiung für jeden geschehen müßte. Freie Wahl der Mittel und Bejahung aller Möglichkeiten.

Die Absichten der Kinder: leben zu bleiben, das Leben lustvoll zu erfahren und Leben um sich zu schützen. Leben bedeutet, ein Verhältnis zum Boden und zum Geschlecht zu haben, zur Welt und zum Menschen, zum anderen und zu sich selbst.

Das wird wieder möglich sein, wenn die Unannehmbarkeit des Väterparadieses als eine entsetzlich gewordene Welt festgestellt, wenn die Funktionsweise des Patriarchats durchschaut worden ist. Das wichtigste ist die Erkenntnis, daß Sein und Tun der Menschen mit dem Zustand der Gesellschaft zusammenhängen, in der sie leben. Seele und System entsprechen sich. Das System schlägt sich in der Seele nieder. Gesellschaft verändern zu wollen, ohne menschliches Sein und Tun zu verändern, bleibt erfolglos.

Menschen haben seit Generationen versucht, Normen statt Verhalten zu verändern. Da das System im Menschen sich niedergeschlagen hat, ändert es sich mit, wenn der Mensch sich ändert, denn der Mensch macht die Systeme.

Es geht praktisch und täglich um vorsichtige Übungen, die Beziehung des Menschen zum Boden wiederherzustellen, zur Natur, zu Dingen sowie sinnvolles Tun wieder anzubahnen, die Arbeit zu beseelen, mit Menschen lustvoll umzugehen, das Leben wieder in Gemeinschaft zu gestalten. Das alles versuchen Menschen heute an vielen Orten, zusammengefaßt unter dem Begriff «alternativ». Keine Gruppe hat bisher anderen aufgezwungen, das Modell ihres Anderstuns übernehmen zu müssen. Die Menschen zeigen nur ihre Versuche, anderes zu machen, als sich angepaßt zu verhalten; und sie regen damit zur Nachahmung an.

Die alternative Bewegung rekonstruiert die Bedingungen des menschlichen Lebens. Sie versucht, die Unterdrückung der Lustbewegungen aufzuheben. Die neuen Lebensformen geben Halt und Geborgenheit (oral). Sie hören auf, sauber und steril zu sein, bemühen sich, schöpferisch tätig zu werden (anal). Sie bestehen auf Mitmenschlichkeit, auf Miteinandersein und -tun von Frauen, Kindern und Männern (genital).

Es geht um Grundsätzliches, es geht darum, den Grund des Lebens wieder freizulegen. Verhalten entsteht aus den Lustbewegungen. Die Unterdrückung dieser Lebenskräfte wird aufhören – oder Leben wird aufhören. Die Umwandlung von leiblichen Lustbewegungen in gesellschaftliche Lustbewegungen – in positives gesellschaftliches Verhalten – ist der kostbare Menschwerdungsvorgang, der verkrüppeltes Verhalten hervorbringt, wenn die leiblichen Lustbewegungen unterdrückt werden. Lust ist für die Erhaltung und für die Neuschöpfung da. Organische Lust dient dem Lebewesen. Die Gesellschaftsbildung und -erhaltung erfolgt nach den gleichen Gesetzen, wie die Organismuserhaltung. Die gesellschaftlichen Lüste des Menschen – die positiven Verhaltensweisen – dienen der Erhaltung der Gesellschaft.

Die Gesellschaft ist wie der Körper des einzelnen ein Organismus, der durch Lustbewegungen seiner Teile gesund gehalten wird. Ohne Lusttransformation entsteht keine menschliche Gesellschaft. Aber durch Lustunterdrückung wird Gesellschaft wieder zersetzt. Der Zersetzungsprozeß, den die Lust im Vorgang der Unterdrückung erfahren muß, hat eine schleichende Zersetzung des Organismus zur Folge und setzt sich fort in der schleichenden Auflösung der Gesellschaft. Die Transformation der körperlichen Lustbewegungen in gesellschaftliche Lustbewegungen ist ein allmähliches Wachstum. Organische Einrichtungen der Individuen und der Umgang zwischen Kind und Erwachsenen transformieren die Lüste des Menschen von Naturkooperationen zu gesellschaftsbildendem Verhalten.

Die gesellschaftliche Lust – das positive Verhalten – braucht zu ihrer Betätigung die Vergewisserung der körperlichen Lust. Transformiert werden können und dürfen immer nur Anteile der Lust. Die Transformation ist ein lebendiger Vorgang, der sich nicht nur einmal beim Kinde, sondern lebenslänglich abspielt. Das Verhalten steht in Wechselwirkung – wie in Tuchfühlung – mit den körperlichen Lüsten. Zu seiner Entfaltung braucht es die unbeschädigte Existenz der organischen Lüste.

Die Absichten der Kinder sind, den Transformationsvorgang unbeschadet wiederherzustellen, alle drei Lüste von ihrer Unterdrückung zu befreien.

Es beginnt bei den Müttern. Ohne Befreiung der Frauen aus den Fesseln der vier Beschränkungen wird menschliches Leben weiterhin beschädigt entstehen.

Daher sind notwendig:
1. Die Aufhebung der Mutterrolle.
2. Die Gleichberechtigung der Frauen bei der Bestimmung der gesellschaftlichen Verhältnisse.
3. Die geschlechtliche Selbstbestimmung.
4. Die Verbindung der Frauen mit dem Boden.

Mutter im biologischen und Mutter im gesellschaftlichen Sinn sind Verschiedenes. Mutter im biologischen Sinn ist die Fähigkeit der Frauen, zu empfangen, auszutragen, zu gebären und zu säugen. Mutter im sozialen Sinne heißt: Das Aufwachsen des geborenen Lebens zu begleiten, Seele zu bilden, Verhalten zu formen. Das ist ein Entwicklungsvorgang, der Dauer und Intensität verlangt. Diese soziale Mutter können alle Menschen sein.

Der Mensch braucht bei seinem Aufwachsen nicht *einen* Menschen und nicht *den* Menschen, der ihn geboren hat, als Mutter. Der Mensch braucht einen «Mutterorganismus» (Bettelheim[20]). Mutterorganismus ist eine «Welt voller Eltern» (Mead[21]), die sich dem Kinde in nichtautoritärer Anteilnahme widmen (Neill[22]). Der Mensch braucht das Aufwachsen, eingebettet in eine «Elterngemeinschaft» und eine «Kindergemeinschaft» (Pilgrim[23]) nicht nur blutsverwandter Menschen.

Das Aufwachsen unter nur *einem* Menschen ist das ungünstigste, das Aufwachsen unter der Mutter als unterdrückter Frau, die den Menschen geboren hat, ist das allerschlechteste Verfahren. Die Prägung zu Unterdrückungsverhalten wäre unausweichlich. Mutter als Mutterrolle und Patriarchat bedingen einander. Die unterdrückte Frau als Einzelmutter schafft den Herrschaftscharakter, den die Vätergesellschaft für ihren Fortbestand braucht.

Die Abwesenheit der Väter in den Kinderstuben ist immer wieder günstig für die Herrschaft der Väter in der Gesellschaft. Solange Männer nicht mit Kindern umgehen, können Kinder Männer nicht kennenlernen, glauben später als erwachsene Menschen immer wieder alles, was Männer sagen, vertrauen ihrem Tun, haben nicht geübt, Männer zu durchschauen. Die sogenannte Glaubwürdigkeit von Machtrepräsentanten, ihre Verführungsfähigkeit entstehen durch die Abwesenheit der Männer in den Kinderzimmern.

Die Unterdrückung der Frauen ist so weit gegangen, daß sie nicht mehr richtig gebären können. Im Liegen gebären ist Ausdruck der Entmachtung der Frauen. Die Menschen kommen häufig durch kraftloses, zu langsames, oft qualvoll verlaufenes Gebären schon beeinträchtigt auf die Welt.

Wenn der Lebensanfang wieder von der Unterdrückung befreit worden ist, läuft alles Leben von allein ins Leben. Befriedigter Mund ermöglicht die Entwicklung befriedigenden Geschlechtsverhaltens und die Transformation in positives gesellschaftliches Verhalten oraler und genitaler Charakterisierung.

Die patriarchalische Mutter macht es umgekehrt: Am Anfang lehnt sie das Kind ab, weist es zurück, verschafft ihm Entbehrungen. Wenn es größer wird, überhäuft sie es mit Wünschen, Idealen, Aufgaben, Delegationen.

Frauen ohne die vier Belastungen sind keine Sauberfrauen. Ein

Mutterorganismus mehrerer Menschen wird den Bauch des Kindes nicht reglementieren wollen. Die ungestörte Erfahrung der Ereignisse des Loches wird wieder Selbstbestimmung beibringen dürfen. Der Mensch wird Scheiße lieben können. Die Verunstaltungen der analen Lust werden nicht von neuem geschehen, die Folgen, die in das anal deformierte Zeitalter geführt haben, langsam verschwinden.

Die nach innen gerichtete Beschäftigung des Menschen ist wichtig, um ihm glückliches Alleinsein zu ermöglichen. Die Unfähigkeit zu schöpferischem Alleinsein rührt aus den oral-analen Beschädigungen her. Orale Befriedigung und anales In-Ruhe-gelassen-Werden verhindern den Zwang zu Pseudokommunikation und den Drang nach Dauereindrücken. Einen bedeutenden Anteil der Lebenszeit ist der Mensch auf Grund seiner Tages- und Nachtrhythmen allein. Durch die Verunstaltung des Analen wird dem Menschen das Alleinsein zur Qual. Alleinsein könnte heißen: Gutes Selbstgefühl und Innigkeit zwischen Mensch und Natur, Mensch und Ding. Die Menschen brauchen die unbeschädigte anale Lust, um wieder Einklang zwischen sich und der Natur zu schaffen. Die industriell zerstörte Natur gerät in eine Feindschaft zum Menschen, in der die noch unangetastete Natur nie war.

Die Menschen brauchen die Liebe zur Scheiße. «Stein der Weisen» ist weißer Stein, ist ehemals körnerverdaute helle Scheiße. Aus der Scheiße kommt die Weisheit. Darm und Gehirn haben ihren in Vergessenheit geratenen Zusammenhang.

Der Beginn des Menschen wird mit der Herstellung des Faustkeils angesetzt, mit dem ersten schöpferischen Akt. Denken und Schöpfen / Machen stehen mit den Aktivitäten des Loches in Verbindung. Die menschliche Gesellschaft unterscheidet sich durch Denken und durch die Regelung der Lochangelegenheiten am deutlichsten von Tiergemeinschaften. Der Mensch entstand aus der Transformation der Lochlüste in gesellschaftlich übertragene Machlüste. Wenn in diesen wichtigen Umwandlungsvorgang durch anale Triebunterdrükkung eingegriffen wird, versiegt die Fähigkeit zum Schöpfen. Dummheit kommt aus der Beschädigung des Loches. Seit die anale Phase gestört ist, ist die allgemeine schöpferische Fähigkeit der Menschen / Männer gestört worden. Die patriarchalische Kultur errichtete sich aus Männerschöpfungen. Männerschöpfungen entstammen der Transformation analer Lustbewegungen. Seit die anale Lust der Unterdrückung anheimgefallen ist, zersetzen Männer ihre eigene Kultur.

Freud hat für den Vorgang der Kulturbildung den Begriff «Sublimierung» [24] angeboten. Er entlehnte ihn aus der Chemie, wo er den Übergang eines festen Stoffes in den Gaszustand bezeichnet. Freud dachte, der Sexualtrieb – er nannte so die genitale Lustbewegung – könne sein ursprüngliches Ziel (das körperliche Lusterlebnis in orgastischer Form) auf ein nicht mehr genitales Ziel verschieben. Durch die Verschiebung des Zieles der Genitalität würden die genitalen Energien in Arbeitsenergien umgewandelt, die Lustkraftmengen flössen der Kulturarbeit zu.

Der Sublimierungsbegriff ist vom Patriarchat außerordentlich besetzt worden, obwohl ihn Freud nur in Form einfacher Hinweise benutzt hat. Er mußte herhalten für die Aufrechterhaltung der Genitalunterdrückung. Nur fortlaufende geschlechtliche Einschränkung garantiere Kulturarbeit, so hat Freud selbst in seinen späten Schriften die Verbreitung dieser Vorstellung in die Wege geleitet [25].

Freuds allgemeine Aussage, Trieb stelle der Kulturarbeit Kraftmengen zur Verfügung, bedarf der Konkretion und Korrektur. Bei näherer Bestimmung der Triebe wurde deutlich, daß für die Kultur*arbeit* die Umwandlung des *analen* Triebes verantwortlich ist. Alle drei Lustbewegungen können der Gesellschaft Verhaltenskraftmengen zuführen. Arbeiten und Schöpfen entstammen der sublimierten (transformierten) analen Lust. Freud dachte, die Verschiebungsenergie käme vom Eros, von der genitalen Lust. Die Unterscheidung ist gegenwärtig wichtig für die Befreiung der Lustbewegungen von ihrer Unterdrückung. Genitale Befreiung wie genitale Unterdrückung haben mit der Kulturarbeit wenig zu tun. Orale Beeinträchtigung und noch mehr anale Beschädigung stehen in unmittelbarem Zusammenhang mit Kulturbildung oder -zerstörung. Die schöpferischen Persönlichkeiten – Freud inbegriffen – waren anale Persönlichkeiten. Aus oralen Störungen entwickelten sie weniger genitale, mehr anale Triebenergien. Statt des Liebens setzte sich bei ihnen hauptsächlich das Schöpfen durch. Nicht genitale Entbehrungen oder genitaler Verzicht, sondern anale Ausprägungen ließen sie schöpferisch sein.

Triebunterdrückung als Genitalunterdrückung hat Schöpferisches weder hervorgebracht noch vereitelt. Erst eine Triebunterdrückung als Analunterdrückung wird für Kulturarbeit bedeutungsvoll. Sie baut Kultur nicht auf, sondern ab. Der anale Trieb kann heute nicht mehr transformieren, sondern muß deformieren, weil er durch die Hygiene-Gepflogenheiten der Zivilisation unterdrückt worden ist. Aus diesem Vorgang wird allgemein deutlich: Triebunterdrückung wird der Gesellschaft gefährlich und nicht förderlich. Der Zusammenbruch der Kultur, das Ende schöpferischer Arbeit, das Verschwinden der Genies beweisen, daß die Transformation nur möglich ist und daß die Verschiebungsenergien nur entfaltet werden können, wenn die körperlichen Triebkraftmengen unbeschädigt bleiben.

Freud war noch anal «frei», konnte nach innen fühlen, hatte ein Verhältnis zu seinem Bauch und seinem Darm, wie es aus seinen privaten Aufzeichnungen hervorgeht, hatte ein Verhältnis zu Scheiße, sonst hätte er die anale Phase nicht entdecken können.

Die menschliche Gesellschaft braucht zu allen ihren Zeiten in allen ihren Stadien den «Stein der Weisen». Wenn er verloren geht, wie es das anal deformierte Zeitalter riskiert hat, geht die menschliche Gesellschaft als Ganzes kaputt.

Die Lebhaftigkeit des Analen ist auch für die Fruchtbarkeit wichtig. Loch und Darm liegen in unmittelbarer Nähe zu den Organen der Fortpflanzung. Diese Nähe soll sein. Die Erziehung zu sauberer, steriler, lochferner Genitalität ist falsch. Das Loch zur Kloake und das Geschlecht zur Blüte zu stilisieren, eine Mauer zwischen beiden zu errichten, widerspricht den örtlichen Gegebenheiten. Fruchtbar sind alle unteren Löcher, die des Gliedes, der Scheide und des Darmausganges. Die Dichte der Organe mit ideologischen Trennwänden aufzuheben, hat dem Menschen geschadet. Das Geschlecht, das sich aus befriedigtem Mund und bewußtem Loch unverzerrt entwickelt, kann fruchtbar werden. Nur im Einklang mit den Grundlüsten oral und anal wächst es, anstatt zu wuchern. Nur bei der Verunstaltung der ersten beiden Lüste zeigt es Verzerrungen, die seine Reglementierung erfordern. Geschlechtslust, eingebettet in Mund- und Lochlust, irrlichtert und verkümmert nicht. Schwankungen der kostbaren Lüstebalance entstehen nur bei Eingriffen in die Lustentwicklung.

Glückliche Genitalität heißt lustvoller körperlich-seelischer Umgang zwischen Menschen. Genitalität im Körperlichen bedeutet nicht Glied in die Scheide, sondern Berührung, Zusammenführung aller Teile des Körpers zu einer Lustgemeinschaft, die Räusche ermöglicht. Miteinander der Organe des einzelnen, Miteinander der Körper der Menschen, die es wollen. Aus der Unterdrückung von Teilen des Körpers entsteht Wahnsinn.

Eine besondere Bedeutung kommt der Genitalität im Transformiert-Gesellschaftlichen zu. Sie ist die einzige Kraft, die Entwicklung ermöglicht. Die Natur hat es vorgemacht. Mit der biparentalen – zwei-eltern-teiligen – Fortpflanzung, dem Zusammentreffen von Vielfalt, hat sie alle Entwicklung vorangetrieben, an deren vorläufigem Höhepunkt der Mensch entstanden ist. Die Fortpflanzung niederer Lebewesen aus nur einem Teil – das selbstzeugende Gebären aus der Kloake (anal) – ermöglicht keine Entwicklung.

Das Patriarchat verfährt so. Es ist die Gesellschaft nur *eines* Geschlechts, sich am Leben erhaltend aus den Gedanken und Schöpfungen, Regeln und Verhaltensweisen der Männer. Es kann sich nicht entwickeln. Es kann auch nicht sterben, weil es sich außerhalb des Lebenskreislaufes manövriert hat. Es ist objektiv längst zum Untergang bestimmt. Aber es kann weder vergehen, noch in einen höheren Zustand übergehen. Die Väter wollen: Patriarchat soll bleiben, Leben soll dafür sterben. Vielleicht geht das nicht. Die Kinder wollen das Umgekehrte: Leben soll bleiben, Patriarchat soll vergehen. Vielleicht schaffen es die immer mehr anders werdenden, «alternativen» Menschen mit ihrem anderen Leben, Patriarchat sich verflüchtigen zu lassen und eine neue Gesellschaft mit genitalen Prinzipien einzurichten. Genitalität im Gesellschaftlichen bedeutet vor allem Mitleiblichkeit der Umgangsformen.

Das Patriarchat ist anal. Es war schon immer anal, ehe es in das Zeitalter der analen Deformation hineingeschlittert ist. Die alttestamentarische Paradiesvertreibungsgeschichte zeigt deutlich, was verboten ist: Vom Baum des Lebens und der Erkenntnis zu *essen,* was heißt, oral und genital zu sein. Erkenntnis durfte weder oral noch genital entstehen, sondern nur anal. Der Mann erkannte aus dem Loch. Er machte alles allein, seine Kultur entstand in der Studierstube und im Labor. Das Gehirn eines sich vereinzelnden, einsamen, zurückgezogen lebenden Mannes brachte Erfindung, Dichtung, Technik, Fortschritt. «Fortschritt», heftig besetztes Wort der Väter. Fortschreiten kann das Patriarchat, Entfernungen und Zeit zurücklegen, aber sich entwickeln in qualitativ verändertes Verhalten, sich wandeln in neue nicht-patriarchalische Verhältnisse kann es nicht. Erkennen aus dem Analen ermöglicht keine Entwicklung.

Die in Labor und Zimmer entworfenen Ideen sowohl zu materiellen wie zu immateriellen Gegenständen deformierten regelmäßig. Die Erfindungen und Entdeckungen hatten immer anfänglich etwas Gutes an sich und wurden überraschend böse. Die Ideen wurden Ideologien, erstarrten zu Systemen. Die Erfindungen schufen unter dem Deckmantel des Fortschritts immer heiklere menschenfeindliche Zustände. Die Ideen durften nicht wachsen, sich erneuern, verändern, sie wurden festgehalten, wie sie waren.

Soweit bis ins 20. Jahrhundert Analität nicht in die Unterdrückung genommen wurde, hielt sich das Patriarchat mit analer Erkenntnisbildung am Leben. Im anal-deformierten Zeitalter geriet auch die Analität unter Druck. Überall entsetzen sich die Väter, weil die Kreativität der Männer zusammenbricht. Nirgendwo mehr große Mannspersönlichkeiten, Dichter, Erfinder, Wissende, Weise. Das anale Erkennen ist an seinem Ende angelangt.

Das Paradiesverbot der Väter, vom Baum des Lebens und der Erkenntnis zu essen, hat einen patriarchatsstützenden Sinn gehabt. Erkenntnis aus Genitalität hätte das Patriarchat überwunden, Erkenntnis aus Analität hat es erhalten und verfestigt.

Die Erkenntnis aus dem Analen konnte der Mann für sich allein erreichen. Erkenntnis aus Genitalität setzt Erkenntnis durch menschliches Miteinandersein und -tun voraus. Und das hätte Frauen am Erkenntnisprozeß teilnehmen lassen müssen.

Die alten Griechen waren davon überzeugt, daß alle Organe Erkenntnis haben. Wenn die Unterdrückung des Genitalen vollkommen aufgehoben und wenn die Beschädigung des Oralen unterlassen wird, können Mund und Geschlechtsteile auch erkennen. Es wird Zeit. Das Loch der Männer versiegt. Die Labore machen Quatsch (Gentechnologie). Auflösung des Patriarchats heißt, vom Baum des Lebens und der Erkenntnis zu essen, die Gesetze des Mundes, des Loches und des Geschlechts der Gesellschaft zugute zu bringen. Dazu ist es notwendig, daß die Öffnungen wieder in ihre Ordnung kommen und alle Beeinträchtigungen von ihnen genommen werden.

Menschen haben Erkenntnis aus Genitalität auch unter patriarchalischen Verhältnissen immer wieder probiert: Marx-Engels, Beauvoir-Sartre. Die Entwicklung der Psychoanalyse war ein genital-gefärbter Vorgang: Freud und Charcot, Freud und Fließ, Freud und Breuer.

Aber Marx-Engels durchdrangen sich in der Sache, nicht in der Person. Sartre-Beauvoir regten sich bei ihren getrennten Sachen wohl an, durchdrangen sich aber nicht in einer gemeinschaftlichen Sache. Freud «analisierte», ging ins Labor – in Orthodoxie, Lehrmeinung, Schulengründung = anale Vorgänge. Er dachte immer mehr abschließend, ausschließend, dogmatisch, anstatt herausgehend, öffnend, erweiternd, Entwicklung zulassend. Marx hätte mit Engels leben oder mit Jenny denken und schreiben müssen, was historisch noch nicht möglich war.

Echte Genitalität in Erkenntnis und gesellschaftlichem Verhalten wird sein: Lieben, denken und arbeiten – gemeinsam zwischen Frauen und Männern. Erotische und sachliche Durchdringung von weiblichen und männlichen, weiblichen und weiblichen, männlichen und männlichen Menschen. Sowohl teamwork als auch teamlove. Eine genitale Gesellschaft wird Zusammenhangsdenken und -handeln ermöglichen, Trennungsdenken und -handeln beenden. Statt analysieren (zersetzen) genitalisieren / synthetisieren (zusammenfügen). Das patriarchalisch-anale Verhalten ist rudimentär, sich zurückbildend. Das genitale Verhalten wird voranstrebend und entwickelnd sein.

Erkennen und Lieben müssen wieder identisch werden, wie sie es im alten Sinn gewesen sind: «... und er *erkannte* sie», hieß: Er liebte sie, er vereinigte sich mit ihr. Aus diesem Zusammenkommen *erkannte* er wohl alle Dinge, die ihr und sein Leben angingen. Wenn der Mann wieder so «erkennt», und wenn es über die Frau ebenso heißt: «Und sie erkannte *ihn*», werden die Menschen alle erforderlichen Erkenntnisse für ihr gemeinsames herrschaftsloses Leben haben.

Erlösung der Väter

Die Erlösung des Gottes

Das Patriarchat überwinden, das Paradiesstreben aufgeben, genital werden verlangt die Versöhnung mit den Vätern. Die Väter sind sensibel, verletzbar, ängstlich und liebebedürftig. Das erscheint nicht so, weil sie ihre Bedürfnisse hinter ihrer Machtrepräsentanz und ihrer Herrschaftsstellvertretung verborgen haben.

Die wichtigste Mühe bei der Patriarchatsüberwindung ist die Erlösung des Gottes. Die Menschen dachten, *sie* brauchten Erlösung, sie brauchten den Weg zu Gott ins Paradies hinein, was hieß, ins Totalpatriarchat. Es ist umgekehrt: Gott braucht den Weg zu den Menschen, braucht seine Erlösung aus seiner Verbarrikadierung.

Wie ist Gott als Urgedanke Patriarchat und Zusammenfassung aller Väter?

Gott ist allein. Er haßt Frauen, sonst hätte er welche. Er haßt andere Götter neben sich. Er kann sich nicht mit einer Göttin oder einem Gott vereinen, nicht aus seiner Isolation herauskommen. Die Erkenntnis war zu erwarten: Gott ist anal, sitzt ewig allein in der von ihm gemachten Welt. Anal ist, wer Mutterschwierigkeiten hat. Gott hat einen weltübergreifenden Mutterhaß. Mutterhaß ist die Umkehrung von Mutterliebe.

Mutterliebe ist eine Folge geglückter Mutter-Kind-Zeit. Mutterliebe hieße, die Mutter dankbar verlassen und genital werden, was bedeutet, sich mit weiblichen und männlichen Gleichberechtigten und Gleichstarken zu verbinden.

Mutterhaß kommt aus Mutterbindung. Mutterbindung ist das Ergebnis verunglückter früher Mutter-Kind-Beziehung. Gott hat eine böse Mutter gehabt. Sein orales Defizit will er ununterbrochen mit Menschenzuwendung gestopft bekommen. Gott braucht Beelterung. Er kann nicht allein sein. Aus seiner mißlungenen Beziehung zu seiner Mutter braucht er unersättlich Zuwendung von Menschen. (Andere Götter, wie zum Beispiel die griechischen, konnten ein Nebeneinander ertragen.) Gott braucht unantastbare, unaustauschbare Beziehungen. Er will eine universelle Beelterung. Er will den emotionalen Schutz der Totalbeziehung. Sein Mutterdefizit ist so groß, daß er sich an alle Menschen hängen muß. Die Bibel ist voll von der Anklammerung Gottes an die Menschen. Gott ist Krater menschlicher Energien. Immer und überall will er Aufmerksamkeit, Nähe, Konzentration, Bestätigung. Gott ist Baby, sitzt in seinem Sandkasten «Welt» und schreit. Da er ein mächtiges Baby ist, rächt er sich, wenn die Zuwendung aussetzt. Gott ist in der analen Phase steckengeblieben. Er schöpft nicht durch Sich-Verbinden mit einer Frau, sondern durch Scheißen. Seinen Lehmmann Adam hat er aus Trotz gegen die Mutter fabriziert, und der wurde ja auch falsch, machte Quatsch, wie diese ganze Schmollwelt «Patriarchat» Unsinn ist = nicht sinnlich, ungenital. Das ist nun klar. Nicht aber klar ist, wie die Menschen das monströs gewordene Baby Gott aus seinem Sandkasten herauslocken können.

Was heißt die Allegorie menschheitsgeschichtlich? Die Mutterbindung Gottes – des Patriarchats – muß gelöst werden: weder Haß auf Mutter noch Glorifizierung der Mutter.

Wenn Gott einsam geblieben ist, dann hat nicht er daran schuld. Der Trotz der Väter, alles allein machen zu können, zugleich ihre Unmündigkeit, sind eine Reaktion auf die Mütter. Patriarchat ist eine Folge von Matriarchat. Es mag sein, daß unter der Herrschaft der Mütter vieles angenehmer gewesen ist. Die Nachgeborenen wissen zu wenig darüber. Die Kultur der Mütter muß oral gewesen sein. Aufschreiben, aufzeichnen und festhalten der Lebens- und Denkweise ist anal und erst eine Erfindung des Patriarchats. Wenn Matriarchat für die Männer überzeugend gewesen wäre, hätten sie sich nicht in den entwicklungslosen Weltwinkel «Patriarchat» begeben. Auch Matriarchat muß an einem bestimmten Punkt seiner Existenz falsch geworden sein. Alles, was untergeht, hat sein Ende verdient.

Der Gedanke, daß nur der Mann als Vater, daß nur das Patriarchat todbringend ist und daß die Frau als Mutter, daß nur das Matriarchat lebendbringend ist, kann nicht weiterhelfen, zwingt die Väter nur noch tiefer in ihre Verbarrikadierung hinein. Mütter wie Väter machen im Alleingang schließlich Unsinn.

Der Kampf der Frauenbewegung gegen das Patriarchat ist historisch notwendig als Ablösung der Töchter von ihren Vätern. Die vorübergehende Trennung der Frauen von den Männern ist ebenso notwendig zur Wiederfindung ihres Bewußtseins. Wenn Kampf und Trennung sich länger hinziehen, wenn sie Prinzip werden sollten, werden sie das Patriarchat verfestigen. Denn schon die ersten frauenlebensnotwendigen Zeichen des Aufbegehrens und Sich-Verselbständigens entfachten die Angst der Väter vor dem Matriarchat. Alle Angst verdient ernstgenommen zu werden. Wenn bei ihrer Befreiung die Frau zur Unterdrückung des Mannes tendiert, würde das Patriarchat unüberwindbar sein. Das Patriarchat existiert aus der Angst vor und mit dem Haß auf Frauen. Diese beiden Gefühle können in fast jedem Männerleben entdeckt werden. Sie müssen sich noch auf andere Frauen beziehen als auf die, mit denen Männer zu tun haben. Haß und Angst der Männer scheinen nicht nur ihren konkreten Leiden unter ihren konkreten Müttern und Frauen zu entstammen. Mutterangst und -haß sind Zeugnisse der Erfahrungen der Jungen mit ihren Müttern (ontogenetisch), und sie sind auch stammesgeschichtlich (phylogenetisch) Zeugnisse der Verbarrikadierung der Väter vor dem System der Mütter. Wie gelungen oder mißlungen das Matriarchat gewesen ist, ist gleichgültig; die Angst der Väter und ihre anale Abkapselung vor den Frauen / Müttern ist gesellschaftliche Realität. Mutterangst und -haß sind immer noch aktuell, und sie tendieren immer wieder zum Paradies.

Das Paradies ist Mutterleib ohne Mutter. Das Paradiesdogma von der Existenz ohne Geschlecht und ohne Boden ist aus der embryonalen Existenz hergeleitet worden. Ohne Geschlecht und ohne Boden lebt nur der Embryo. Paradies ist scheinbar vorn, in Wirklichkeit hinten. Der Drang zu ihm ist immer eine rückläufige Tendenz. Der erste embryonale Zustand ist mißlungen oder gestört gewesen. Nun soll noch einmal begonnen, noch einmal ohne Boden und ohne Geschlecht gelebt werden. Wenn das Paradies aus Mutter-Einklang herbeigesehnt würde, hieße das Bild «Schweben mit Mutter». Aber Paradies ist ohne Mutter. Paradies heißt Embryo in Vaterbauch. Jesus will im Schoß des Vaters sitzen, heimkehren in seines Vaters Reich. Einen Schoß des Vaters gibt es nicht. Das Paradies ist ein Hirngespinst mutterunabgelöster Söhne. Ihr Drang nach Paradies schafft immer wieder Patriarchat.

Also, die Väter besänftigen und streicheln: Ihr habt es gut zu machen versucht. Und vieles ist auch gut geworden: die Banane technologisch in den Mund, im rauhen Norden sind mit eurer Kraft Zustände geschaffen worden wie auf seligen Sonnensüdseeinseln. Angenehmes Leben durch die Knöpfe. Alles erreicht, alles ausgeschöpft. Jetzt dürft ihr ausruhen. Ihr habt die Verhältnisse vorgeklärt, wodurch eure Kinder die Kräfte freigelegt bekommen haben, die menschlichen Rätsel zu lösen, die Bedürfnisse zu befriedigen, das menschliche Leben entfaltend zu entwickeln. Nicht abtreten sollt ihr, sondern aus eurer Herrschafts- und Machteinsamkeit herauskommen dürfen. Nicht die Errungenschaften, sondern nur die Mißbildungen wollen die Kinder überwinden. Und ihr werdet nicht ausgeschlossen, wie ihr es wahrscheinlich im Bereich der Mutterherrschaft wart, sondern ihr werdet einbezogen.

So ungefähr müßte die Ansprache an die Väter lauten. Sie werden sie allmählich verstehen. Denn Baby Gott zu bleiben, ist für sie auf die Dauer nicht so angenehm, wie es aussieht. Der Gott hat es schon längst bemerkt, hat sich immer mehr verflüchtigt, ist vom sprechbaren, hörbaren, beziehungsbegierigen Vater zu Prinzip, Schema, Abstraktion entstäubt. Die Väter werden es auch merken. Herrscher, Machthaber zu sein, ist nicht so befriedigend, wie es scheint. Georg Wilhelm Friedrich Hegel sagte es deutlich: Der Herr, derjenige, der oben ist, kann sich nicht entwickeln, nur der Knecht, weil der zur Herrschaft strebt. Unentwickeltheit ist das charakteristische Kennzeichen der Väter.

Auch das Väterverbot, nicht vom Baum der Erkenntnis zu *essen,* wirft ein Licht auf die Ängste der Väter vor den Müttern. Es sollen nicht wieder orale Verhältnisse eingerichtet werden, die Mutter-Sohn-Machtgefälle gehabt haben müssen.

Die Kinder werden die anal-stagnativen Verhältnisse nicht in orale Machtverhältnisse zurückdrehen. Die Regelung der Gesellschaft aus oralen Erkenntnissen, aus Mutterbevorrechtigung, ist ebenso untauglich, den Menschen gerecht zu werden, wie die Regelung aus analen Erkenntnissen, aus Vaterbevorrechtigungen. Die Väter können sich beruhigen. Die Kinder werden die Welt nicht wieder an die Mütter ausliefern, wenn sie sie von den Vätern übernommen haben.

Für die Erlösung des Gottes ist die Zeit bereit. Die Probleme, für deren Lösung die Väter angetreten waren, sind geklärt, überflüssig oder haben sich in ihr Gegenteil gedreht. Die Väter beschäftigten sich mit den drei Grundsatzschwierigkeiten der Menschheit: Ernährung, Verteidigung (gegen Natur und gegen Menschengruppen) und Fortpflanzung. Die Väter regelten das menschliche Leben, um diese Probleme zu meistern. Die alten Bücher sind voll davon. Die Bibel ist eines der ältesten, deutlichsten und wirkungsvollsten Zeugnisse.

Das Unglück der Menschen unter der Väterherrschaft: Ihr Leben hat diese Probleme schon seit einer Weile nicht mehr. Aber die Väter produzieren sie künstlich, um sich an der Macht zu behaupten. Sie halten alle alten Regeln aufrecht, als bestünden die Probleme noch immer. Dadurch birst das Leben. Die neuen Probleme können nicht angegangen, nicht einmal wahrgenommen werden; die alten Regeln schneiden nur noch ins Fleisch, verhindern, die Probleme der gegenwärtigen Zeit zu finden.

Die Menschen in den Industrienationen sind satt. Daß die Menschen in den anderen Ländern hungern, haben die Väter selber mit ihren Systemen der Ausbeutung und Eigentumsbildung verursacht. Ernährung war früher ein Problem der Menge. Das ist es bei den hungernden Völkern noch heute. Bei den Industrienation-Menschen ist Ernährung ein Problem der Qualität geworden. Natur wird von den Vätern so mißhandelt, daß sie sich immer weniger als Ernährungsspenderin eignet. Pflanzen und Tiere werden Giftzuträger, weil Väter Gifte auf sie schütten und in sie schleusen.

Verteidigung gegenüber der Natur ist überflüssig. Natur liegt geknebelt da, ist so im Griff, daß jedes Beben, jeder Regen, jeder Flußübertritt, jede Dürre, jedes wilde Tier abgefangen werden könnten. Die Väter müssen die Menschen längst nicht mehr vor der Natur verteidigen, vielmehr müssen sie ihre Angriffe auf die Natur einstellen. Die Verteidigung vor fremden, feindlichen Menschengruppen ist unsinnig. Der Boden ist verteilt. Die Gesellschaften sind statisch. Die Vernichtungstechnologie ist so präzisiert worden, daß die Betätigung der Kriegswerkzeuge nicht Verteidigung gegen andere garantiert, sondern Auslöschung von allen auslöst. Entweder vertragen sich die Gruppen, arrangieren sich die Systeme, oder die Menschheit geht unter.

Das Problem der Fortpflanzung hat sich verdreht. Menschen sind durch ihre Zahl einander bedrohlicher, als es Natur und feindliche Gruppen je waren. Den Sauerstoff werden sich die Atmenden bald gegenseitig streitig machen müssen, von den Motoren und Schloten, die ihn verbrauchen, nicht zu reden.

Es geht heute um das Problem, wie Fortpflanzung vermieden werden kann. Dafür sind nicht nur Mittel und geschlechtliche Techniken, sondern neue Umgangsformen unter den Menschen erforderlich. Umgangsformen, die sich von der patriarchalischen Familie, die diese Überbevölkerung hervorgebracht hat, unterscheiden (nämlich von der Paarung von herrschenden, sexuell-erotisch gespaltenen Männern, die durch die Verhältnisse zu Zeugungsmaschinen werden, mit beherrschten, sexuell unselbständigen Frauen, die durch die Verhältnisse zu Gebärmaschinen werden).

Großvater Papst stänkert noch immer gegen alle Versuche, die die Fortpflanzung, die Menschenschwemme, eindämmen wollen. Er will die Familie, wie Gott sie vor tausenden von Jahren aus ganz anderen Problemen, als sie heute anstehen, seinen Leuten empfohlen hat.

Die Befreiung der drei Lustbewegungen, die Erprobung von mehreren Beziehungen und neuen Lebensformen unter Frauen und Männern und die «Übergangskrücken» Verhütung und Abtreibung würden das Problem der Überbevölkerung meistern helfen.

Väter waren für die alten Probleme zuständig; für die neuen brauchen die Menschen sie nicht mehr. Männer brauchen nicht mehr Väter zu werden. Das Prinzip «Vater» ist zu Ende, was sich von selbst an allen Orten und zu allen Gelegenheiten beweist. Für den Einklang mit Natur, die Verbündung unter Menschen und die Verringerung von Fortpflanzung stören die Väter.

Die Bedingungen stehen günstig, daß Männer das einsehen und davon ablassen, Väter zu werden. Grundsätzlich sind die Väter in ihren Systemen zu Institutionen und Unternehmen geworden. Die Männer können darunter wieder zum Vorschein kommen. Durch die Übernahme der Herrschaft von Gremien ist der einzelne Mann entlastet. Er muß nicht mehr auf dem Stuhl der Herrschaft sitzen, um sie aufrechtzuerhalten. Dadurch wird er frei, sich wieder zu vermenschlichen. Manager, Herrschaftsstellvertreter werden immer mehr machtunwillig. Sie steigen aus, lassen sich lieber das Herrschaftsverhalten therapieren, weil die Leiden, die es bringt, zu arg geworden sind. Und die Söhne spielen nicht mehr David, schwören sich nicht mehr gegen Väter ein, wodurch diese sich immer stärker herrschaftsverbarrikadiert haben. Wenn die Söhne sich nicht mehr auf Väter beziehen, vervätern sie selbst nicht mehr. David kann Goliath streicheln, anstatt ihn zu töten, was ihn unweigerlich selbst zu Goliath gemacht hat. Wenn die verschiedenen Väter, Chefs, Leitenden, Präsidenten, Direktoren, Vorsteher... zu Mitmännern, die Mitmänner zu Mitmenschen werden, steht die Stunde ihrer Erlösung bevor.

Früher hielten die Menschen immer noch am Patriarchat fest, weil sie sagen konnten: Lieber nichts verändern, denn das Leben läuft, wenn auch miserabel, aber es geht. Wer weiß, was nachher kommt.

Nun ist es anders geworden. Das Leben läuft nicht mehr, es kriecht und steht kurz vor seinem Stillstand. Wenn heute alles beim Alten bleibt, geht das Leben nicht weiter. Die Väter brauchen auf keinen Fall zu bleiben.

Gott muß aus der Einsamkeit seiner Macht erlöst werden. Er hat vor Anstrengung, die Welt in der Hand zu haben, nicht gelebt. Andere Götter haben das ganz anders gemacht. Er war 5000 Jahre allein und hat nichts gesehen als nur seine Welt.

Reise, Jahwe, reise! «Lieber spät als nie!» läßt der russische Dichter Gontscharow seinen trägen Oblomow sagen. (Der Papst hat es schon vorgemacht und oftmals seine Mauern verlassen.) Es gibt so viele Götter neben dir, die du besuchen kannst, und nette Göttinnen: Hera, Ischtur, Isis... Es gibt die merkwürdigen griechischen Kentauren und die rätselhaften germanischen Nixen und Feen. Schau an, berühre und verbinde dich. Du hast während deines langen Lebens zuviel Entbehrungen und Anstrengungen gehabt. Die Kinder erlösen dich endlich.

Die Erlösung der Juden

Besondere Schwierigkeiten bei der Patriarchatsüberwindung, beim Verlassen des Paradieses bereiten die Sohnesvölker, die verväterlichen, deren Männer sich besonders nach Herrschaft sehnen und die sich auf Verfestigung von Patriarchat hin verhalten. Vor allen anderen hindern die Männergremien von drei Völkern mit geistigen Haltungen und merkwürdigen Taten die Überwindung des Patriarchats: Juden, Deutsche, Amerikaner.

Wer sich mit Patriarchat beschäftigt, muß sich mit Juden beschäftigen, die zu seinen Erfindern zählen. Zur Patriarchatsüberwindung gehört eine Kritik des Jüdischen, die leicht mit antisemitischer Gesinnung verwechselt werden kann. Für eine solche Kritik fehlt in der Bundesrepublik Deutschland der 80er Jahre jegliche politisch-geistige Basis. In einem Zeitpunkt, da nicht *ein* Richter des Volksgerichtshofes zur Verantwortung gezogen worden ist, für seine über die Konstruktion von Gerichtsurteilen vollführten Mordtaten da ein Verfahren nach dem anderen gegen praktische und befehlende Mörder des Dritten Reiches eingestellt wird, zu einem solchen Zeitpunkt ist die Situation in Deutschland für eine Kritik an Juden nicht gegeben. Vor dem Hintergrund des Wiedererstehens von Rechtsradikalismus und Antisemitismus wirkte eine Kritik am Jüdischen wie eine Bestätigung der alten Täter und ihrer neuen Freisprecher. Bei einer Ausgabe vom «Paradies der Väter» in Israel oder in den USA könnten die 12 Seiten wieder veröffentlicht werden, die bei der Überarbeitung des Originalmanuskriptes für die Taschenbuchausgabe in der MANN-Reihe geschrieben worden sind. «Die Erlösung der Juden» findet in Deutschland immer noch nicht statt. Vielleicht in zehn bis zwanzig Jahren, wenn Täter, Sympathisanten und Beschöniger des Dritten Reiches tot sind, gibt es eine Atmosphäre, in der eine Kritik am Jüdischen für jüdische und nichtjüdische Deutsche auf fruchtbaren Boden fiele.

Die Erlösung der Deutschen

Die Deutschen lieben die Arbeit, sind fleißig, rechtschaffen, praktisch und erfinderisch. Alles, was sie machen, klappt. Sie können gut planen und gut ordnen. Sie haben ein gutes Verhältnis zum Tun und zu den Dingen. Die Russen nennen Deutschland die Werkstatt der Welt. Viele deutsche Erfinder, Dichter, Philosophen und Komponisten sprechen für gute anale Transformationen. Aber die Deutschen sind kein «Volk von Dichtern und Denkern», sondern ein Volk voller Dichter und Denker, zu denen sie recht beziehungslos stehen, deren Gedanken meist volksabgehoben geblieben und nie richtig volkseingehend geworden sind. Die Deutschen haben als schwelendes Problem immer Schwierigkeiten mit ihren Intellektuellen. Keine Durchdringung findet statt zwischen Volk und Denkern. Die Intellektuellen denken zuviel, das Volk denkt zuwenig. Dummheit und Klugheit kommen aus dem Analen. Die Deutschen gehen aus starker Analität meist in die analen Deformationen der Starrheit und Sturheit.

Die Deutschen lieben ihren Boden, ihre Stuben, ihr Heim und ihre Heimat. Und doch sind sie mit sich selbst nicht zufrieden, wünschen sich insgeheim so imposant zu sein wie die Italiener, so sinnlich wie die Franzosen, so verbindlich wie die Engländer, so lässig wie die Polen. Sie müssen immer wieder ihr Land fliehen, um dem Melancholieschatten, der über ihnen liegt, für eine Weile zu entkommen und sich mit anderem Volksverhalten aufzufrischen. Ihre Analität ist kompliziert. Die Deutschen liegen im Loch Europas. Von allen Himmelsrichtungen gehen die Nachbarn durch sie durch.

Die Deutschen haben es mit dem «Loch». Es selbst, sein organisches Umgebungsfeld und sein Produkt sind die Schimpfwörter ersten Grades. Fluchende Dingwortzusammensetzungen und Tätigkeitskombinationen, die mit Loch verbunden sind, gibt es bei den Deutschen zuhauf. Die Deutschen sollen die einzigen sein, die so generell vom Loch und seinen Bedingungen her Wut und Ärger ausdrücken. Andere Völker fluchen mit genitalen Vorgängen, zum Beispiel mit Geschlechtsumgang zwischen Mutter und Sohn. Der

Fluch enthüllt in der Negation, welcher Bereich und welche Tätigkeit der Menschen auf sie besondere Faszination ausübt. Die Deutschen fluchen mit dem Analen.

Die Deutschen sind unerlöst.

Die Unerlöstheit der Juden ist ein ideologisches Problem. Die Juden haben der Welt keinen praktischen Schaden zugefügt. Den Umschlag ihrer Erlösungsideen und Entdeckungen in Folterprogramme haben nachweislich andere Völker vollzogen. Das Christentum haben Römer und Griechen orthodoxiert, den Marxismus haben Russen und Chinesen staatsfähig gemacht, Einsteins Entdeckungen haben die Amerikaner zerstörerisch umgesetzt.

Die Unerlöstheit der Deutschen ist ein praktisches Problem. Die Deutschen haben der Welt tatsächlichen Schaden zugefügt. Ihre Destruktivität hat die Welt im 20. Jahrhundert bedroht.

Es ließen sich schon immer Aspekte an den Deutschen beobachten, die für mangelnde Genitalität sprachen. Anstatt sich der Sinnlichkeit, Leibhaftigkeit und Direktheit zu ergeben, leiden Deutsche unter Formalistik, Normanfälligkeit und Vorschriftenfanatismus. Die Deutschen haben Verbindungsschwierigkeiten untereinander, vollbrachten keine effektiven Revolutionen. Sie haben Einigungschwierigkeiten der Stämme, wuchsen nicht zu einer einheitlichen Nation zusammen.

Seit sie *ein* Reich geworden sind, haben sich die Deutschen in falscher Weise entwickelt. Sie setzten seit 1871 zweimal an, andere Völker zu bedrohen und schließlich vernichten zu wollen. Die Deutschen machten welterschütternden Unsinn erst, seit sie zur Nation zusammengeschweißt worden sind. Deutschland hat es kaum richtig gegeben, gibt es nicht und wird es wahrscheinlich nie geben. Daß es die Nation seit 1871 geben sollte, haben die Deutschen nicht verkraftet.

Eine bislang verhältnismäßig harmlose Volksgruppenvielheit gleicher Sprache gebärdete sich allmählich immer wüster. Ihre Abgeschlossenheit, ihre Unverbundenheit, ihr Stammesnebeneinander verwandelte sich unter dem Druck von Nation in eine Scheingemeinschaft, die ihre Zusammengehörigkeit den anderen Nationen beweisen mußte. Das deutsche Nationalgefühl ist ein Kunstprodukt. Die Nationenschweißung pfropfte den Deutschen Genitalität auf, die sie nicht leben konnten. Nun erst wurden ihnen die Nachbarn tatsächlich zu Bedrohungen, weil sie echte Gemeinschaften waren. Franzosen, Engländer, Tschechen, Polen, Dänen, Belgier, Niederländer sind genital.

Die großen Kriege sind bisher erklärt worden: als Nationengerangel, als Ausfluß der Machtgier, als Territoriumsaneignung, als Wirtschaftsstreitigkeiten der herrschenden Monopolkapitalisten, als Krisenmanagement der bürgerlich-kapitalistischen Gesellschaften, als Profitstreben der Waffenindustrien. Diese Erklärungen reichen aber nicht aus für die Tatsache, daß die Deutschen die Kriege begonnen haben, und erfassen nicht die Räusche, mit denen die Deutschen in die Kriege 1914 und 1939 getaumelt sind, schon gar nicht die Geschehnisse des Dritten Reiches und die Faszination, die die Figur Adolf Hitlers auf die Deutschen ausgeübt hat.

Die Deutschen haben kein harmonisches Verhältnis zu ihrer Analität wie die Juden es haben. Die Juden wollen erstarren, sich traditionell vateranhängen und verewigend bleiben, wie sie sind. Die Deutschen schämen sich. Die Herkunft der jüdischen Analität ist klar: Bodentrennung, Vaterunterwerfung, Vater-Sohn-Spiritualität, Lochsublimierung, Frauenverwerfung, Scheidentabu. Aus den Riten und Gebräuchen der Juden kommt noch ihre anale Lust hervor: Gesetzestreue, Schriftwühlen, Wortgeilheit. Eine gewisse Freiwilligkeit glänzt aus jüdischer Analität. Das Anale als selbstgewähltes Charakteristikum, Abgrenzung von allen anderen Völkern, Einmaligkeit, die Verewigung garantiert, Restauration am und mit dem Leibe der Volksgemeinschaft, Ausgrabungen überflüssig machend. Das Veraltende transportiert sich selbst ans Licht der Gegenwart.

Bei den Deutschen ist alles ganz anders. Woher ihre Analität kommt, ist unklar. Sie scheint unfreiwillig zu sein. Die Deutschen leiden unter ihr. Mit den Loch- und Lochumfeldbeschimpfungen wollen sie von ihrem Charakter ablenken, sich von ihm mit ihrer Empörung übers Anale bestmöglich abheben.

Solange sie als kleine Volksgruppen politisch unbedeutend vor sich hin lebten, kamen sie mit ihrer Analität zurecht. Als sie aber Nation geworden waren und ins Licht der politischen Weltöffentlichkeit gerieten, waren sie emsig bestrebt, ihre Analität zu verbergen und zu überwinden.

Aus dem Verhalten der Deutschen seit 1871 bis heute wird klar, daß Festgelegtsein im Analen ein Leiden ist. Die Analität der Deutschen ist eine körperlich-seelisch-geistige Fesselung und nicht eine ideologische Festlegung, wie sie sich bei den Juden äußert.

Die Juden haben innerhalb ihres kulturellen analen Charakters ein gutes Verhältnis zur leiblichen Geschlechtlichkeit und eine enorme genital-charakterisierte Befähigung zur Verbindung untereinander. Geschlechtspraxis und Gemeinschaftsgefühl liegen bei den Deutschen im argen. Die Biographien der herausragenden wie die Lebensläufe der unbekannten Deutschen machen immer wieder deutlich: Es hapert mit der Geschlechtlichkeit.

Der Versuch der Bemäntelung ihrer Analität ließ die Deutschen furchterregend werden. Sie wollen oral-genital erscheinen: «Am deutschen Wesen soll die Welt genesen.» Unverständlich, wie und wozu das geschehen soll. «Deutschland, Deutschland über alles, über alles in der Welt», sagt nur ein Volk, das sich selbst nicht hat, das an Minderwertigkeitsgefühlen leidet. Das Minderwertigkeitsgefühl ist ein Zeugnis analer Deformation. Gutes Selbstgefühl – das Selbstwertgefühl – entstammt gelungenen frühen Kontakten und gelungener Selbstbeschäftigung und wird nachgeschaffen durch gelingende neue Kontakte. Die Deutschen gehen weder mit sich selbst, noch untereinander, noch mit ihren Nachbarn glücklich um.

Das Minderwertigkeitsgefühl soll wettgemacht werden mit Selbstüberhöhung, mit aus dem Rahmen fallender Selbstüberschätzung. Juden bilden sich Auserwähltheit ein, Deutsche wollen «über alles in der Welt» sein. Die Deutschen produzieren mehr Genies als andere, haben aber kein Verhältnis zu ihnen. Ihr Minderwertigkeitsgefühl läßt sie an bedeutenden Personen scheitern. Erfinder, Entdecker, Komponisten, Theoretiker, Dichter leben unter Deutschen in einer gesicherten Tradition der Mißachtung ihres Tuns und erhalten erst nach ihrem Tode die Glorifizierung ihres Gemachten. Die besondere Person wird nicht geliebt, nur ihr Produkt, und in der Regel erst, wenn sie tot ist. Erst wenn die eigene Scheiße kalt ist, freunden sich die Deutschen mit ihr an. Und die Genies mißachten sich meist selbst, zetern und handeln gegen sich und alles Deutsche.

Nur ausnahmsweise ist es möglich gewesen, als Deutscher unter Deutschen berühmt zu werden: Luther, Goethe, Wagner, Thomas

Mann – Personen mit einem Hang zu monopolistischer Produktions- und Ideenentfaltung, kleinfamiliärer Triebhaltung, Lust an Herrschenden und Herrschaftsvorgängen. Nur wenn bei dem Ausgezeichneten eine Machtanhänglichkeit zur Schau gestellt wurde, ließen ihn die Deutschen unter sich gelingen und verehren ihn ewiglich.

Die Deutschen sind abhängig von Rede wie kein anderes Volk. Sie sind unerwachsen, denken nicht mit, mit dem, was gesagt wird, sondern geben sich dem Affekt hin, der aus einem Munde herauskommt. Das ist frühkindliches Verhalten.

Nun ist für die erwachsenen Deutschen aber nicht der Mutteraffekt wichtig, sondern der Vateraffekt. Die Deutschen haben einen Hang zu phallisch-bevormundender Rede: aufgerichtete Wörter, wie hin und her reibend in den Zuhörerköpfen, die zu Öffnungen werden und alles aufnehmen, was eingeführt wird.

Kurzschlüsse: «So muß es sein, so ist es, so hat es zu sein, so war es, so wird es sein.» Wilhelm II. und Adolf Hitler haben die Deutschen benommen gemacht. Die Deutschen lassen sich immer wieder oral (ein-)nehmen.

Nur ein Volk mit oralen Schwierigkeiten läßt sich oral einfangen. Franz Josef Strauß tritt als spendender Landesvater auf. Die Deutschen hören nicht hin, was er sagt, sondern es becirct sie, *wie* er es sagt: sicher, üppig, voll und brünstig.

Haben die Deutschen zu schlechte Mütter? Die deutschen Mütter sind «Muttis», Verkleinerungen und Verpuppungen vom großen, ernstzunehmenden, lebendigen Anfang.

Unter den europäischen Völkern gehen die Deutschen am lieblosesten mit ihren Kindern um. Die Aufzuchtsituation ist kleinfamiliär zugespitzt. Die Autorität wird sehr weitgehend als Erziehungsmittel eingesetzt. Die Deutschen sind auf ihr Land fixiert wie Kinder auf ihre sie oral unterversorgende Mutter. Sie können Kritik an ihrem Lande nicht vertragen. Sie sind land- wie muttergebunden. Bindung entblößt immer einen Mangel. Die Deutschen glorifizieren ihr Land, anstatt es zu durchschauen. Deutschland als Nation gibt ihnen zu wenig, und also sind sie daran gefesselt.

Heute steht fest, daß die Mütter- und Säuglingssterblichkeit in der Bundesrepublik am höchsten in Europa ist. Die Deutschen ha-

ben ebenso, verglichen mit ihren Nachbarn, die meisten Krebser-
krankungen und -sterbefälle.

Wilhelm II. und Hitler gingen aus besonderen Mutterschwierigkeiten hervor, blieben als Erwachsene kindisch. Für diese geschä-
digten Personen hatten die Deutschen etwas übrig. Andere Länder
bringen solche Männer nicht so häufig hervor, auch können sie bei
anderen Völkern besser abgewehrt werden. Stalin wütete nur im
Inneren seines Landes, wurde nach seinem Tode als Irrläufer entglo-
rifiziert. Napoleon – die französische Version von verbrannter Erde
– wurde von den Franzosen selbst entthront. Napoleon ist für
Frankreich eine Ausnahme. Er kommt aus Korsika, wo die Söhne
auch besondere Schwierigkeiten mit den Müttern haben. Die
Frauen sind dort hart, haben die Geschäfte unter sich, die Männer
sind schön, taugen nicht zur Arbeit, stellen sich nur aus und dar.

Die Verlegenheit des Analen trifft nur für Männer zu. Mit dem
Loch besonders zu tun zu haben, ist für Männer eine Katastrophe,
denn das Patriarchat hat sich auf dem Lochtabu aufgebaut: Loch sei
nur bei der Frau. Mann ist nicht Frau, also hat der Mann nichts mit
dem Loch zu tun. Je mehr die Person eines Mannes anal konstruiert
ist, um so fanatischer muß er über diesen Fakt hinwegtäuschen.

Männer bemänteln ihre Analität mit Pseudogenitalität. Sie rasen,
hetzen, wüten und versuchen, anale Struktur mit phallischem Gebaren zu überspielen. Napoleon erigierte ins Uferlose zu Macht und
Krieg und hinterließ nur Zerstörung. Hitler ritualisierte sich und sein
Volk so phallisch, daß sie sich einander nur noch mit erhobenem Arm
begegnen konnten.

Als die Deutschen eine Nation wurden, bekamen sie den Boden-
koller. «Blut und Boden», «Volk ohne Raum». Welch eine Ver-
wechslung! Das Volk ohne Raum sind doch die Juden...

Gebietsrangeleien betreiben alle Patriarchate. Die Bodenumzirke-
lung in «mein» und «dein» ist patriarchalisches Grundsatzgewaltge-
schehen. Aber bei den Deutschen wurde daraus Bodenwahn. Es er-
wies sich plötzlich, daß etwas mit ihrem Verhältnis zum Boden nicht
stimmt. Aller Nachbarboden sollte eindeutschen. Ein Volk, das solche rasende Bodenexpansion betreibt wie das deutsche seit 1939, beweist sein Unverhältnis zum Boden.

Die Römer waren das erste total expandierende Volk, enthüllten ihren anal-sadistischen Charakter. Ähnlich wie die Römer sind die Deutschen geworden, die sich schon vor ihrer Volksgruppenzusammenschließung zur Nation als Traditionsfortsetzung der Römer verstanden: «Heiliges römisches Reich deutscher Nation». Die Deutschen sind wie die Römer ein anales Volk, das sich Genitalität erschleicht, im Phallischen stecken bleibt und Tod um sich verbreitet hat. Alle Nachbarn sollten römisch, alle mußten deutsch werden. Die Römer erfanden das Kreuz als Folterinstrument, die Deutschen ersannen die Rakete – phallische Zeichen zum Quälen –, Beweise für die Unfähigkeit zum Genitalen. Die Römer konnten sich schon nicht entwickeln, keine Kultur hervorbringen, außer Kopie und Verzerrung des Griechischen. Dieses Römisch-Entwicklungslose, nur Anschwellende wollten die Deutschen in ihrer Empfindungslosigkeit für Entwicklung fortsetzen. Anales läßt sich nicht fortsetzen. Und Anales kann sich nicht entwickeln. Die Deutschen haben mit der Verehrung der Römer nur ihre Lust an Destruktivität bewiesen. Die Römer und die Deutschen sind ähnlich militant, steril, expansionssüchtig, phallisch-monströs, redeanfällig und haben sich die seltsamsten Techniken ausgedacht, ihre Mitmenschen zu vernichten: Gladiatoren-(Mensch-Tier)Kämpfe, Christenverbrennungen, Kreuzigungen (Römer) und Judenvergasungen (Deutsche). Beide Völker zeigten Ausfälle an Lieblosigkeit, wie sie vorher noch nie dagewesen waren.

Die Deutschen möchti sich entwickeln, wandeln, verändern und sich bewegen, können es aber nicht und haben Haß auf alle, die es können. Es herrscht eine merkwürdige, gespannte und zwistgeladene Stimmung zwischen den Deutschen und ihren Nachbarn. Am schwierigsten ist es zwischen Deutschen und Franzosen und Engländern. Die Deutschen verehren das Genitale der beiden anderen Völker, verachten das Großzügige bis Schlampige. Franzosen und Engländer verachten die Deformation der Deutschen, verehren aber ihren Fleiß und ihre Arbeitsfähigkeit, bewundern ihre Genialität.

Den großen Haß aber entfachten die Deutschen auf alles, was nicht deutsch war. Wütend, wie ein ungeliebtes Kind gegen alle anderen Geschwister vorgeht, haßten die Deutschen zweimal in diesem Jahrhundert weltversengend um sich. Durch ihren Territoriumsfanatismus, durch Vertreibung und Unterdrückung anderer Völker wollten sie erlittenes Minderwertigkeitsgefühl ausgleichen. Die Deutschen ärgert der Stolz der anderen Völker. Sie sind neidisch, daß andere sich gut fühlen, sich selbst lieben.

Am meisten gilt ihr Haß den Juden, die ihrer Analität zufrieden sind. Die Deutschen hassen vieles an den Juden: den «dreckigen», den «geilen», den ängstlichen, den geschäftstüchtigen, den geistigen Juden. Haß auf die kommunikativen Fähigkeiten der Juden.

Juden und Deutsche passen ursprünglich gut zueinander. Beide Völker sind anal, haben besondere Anfälligkeit zum Patriarchat. Die Deutschen haben Boden. Die Juden fühlten sich bei den Deutschen am wohlsten. Pogrome gab es überall.

Die «Endlösungs»-Ausschreitung ist ohnegleichen. Das Geschehnis steht im Zusammenhang mit Lust, Lust sowohl bei den Inszenatoren wie bei den Mitmachern und Zulassern. Adolf Hitler ist die am weitesten sichtbare und wirksame anal deformierte Persönlichkeit, die sich je profiliert hat. Er schürte den Deutschen ihren Trieb aus dem Analen. Er entfachte ihre Fähigkeit zu seiner Verkehrung ins Deformierende. Er kündigte Destruktion an und vollführte sie mit ihrer Hilfe im In- und Ausland. Und es sträubten sich zu wenige. Und es verlangte zu viele, dabeizusein, «ja» zu sagen und mitzumachen. Hitler und die Deutschen hat Glut und Brunst aneinandergeschmolzen. Die ausländischen Zeitgenossen haben den Atem angehalten: Was da geschah, war Lust. Aber es war auch keine Orgie, nicht genitale, sondern anale Entfesselung, Sieg-Heil der Haufenbildung.

Die Entblößung des Analen suchte nach seiner Bemäntelung: Der Judenhaß der Deutschen schwoll mit ihrer Hitlerverzückung ins Gigantische.

Die Judenvernichtung im Dritten Reich unterscheidet sich von der Minderheitenvernichtung. Judentötung und Tötung von Abweichenden waren zweierlei. Die Minderheitentötung (Tötung von politischen, geschlechtlichen, Volksgruppenminderheiten) betreibt jedes Patriarchat mehr oder weniger radikal. Die Judentötung war etwas Besonderes; denn die Juden waren als Gesamtheit nicht abgewichen, auch nicht vom deutschen Nationalsozialismus. Juden waren immer auch obrigkeitskonform, reaktionär, preußisch, kaisertreu. Sicher wären etliche auch hitlertreu geworden, wenn Hitler sie nicht vernichtet hätte. Es lag nicht an der Position und Funktion, die die Juden innehatten, nicht an ihren Meinungen und Taten, weswegen sie vernichtet wurden. Ihre Vernichtung geschah in engem Zusammenhang mit der Destruktionsfanatik, die die Deutschen mit Adolf Hitler verbunden hatte. Die Judenvernichtung war Lust, und sie sollte zugleich den Charakter der Lust bemänteln; denn der Haß gegen die Repräsentanten des Analen sollte das Anale der Dritte-Reichs-Geschehnisse überdecken.

Die Deutschen wollen ihre Lust an den Vorgängen noch heute mit dem merkwürdigen Satz verbergen: «Wir haben nichts gewußt», den ihnen kein anderes Volk glaubt. Sie verraten sich mit diesem Satz mehr, als sie sich hinter ihm verstecken können. Vor fast hundert Jahren hat Sigmund Freud der Welt entdeckt, was Bewußtes und Unbewußtes sind, den Unterschied zwischen Wollen und Wissen geklärt. «Nicht gewußt» heißt leider nicht «nicht gewollt». In Dänemark fanden Judenverfolgungen nicht statt, weil der König öffentlich einen Judenstern getragen und alle Dänen aufgefordert hätte, es ihm gleich zu tun. So leicht ging das.

Die Vorkriegszeit hat die Deutschen gezeigt als ein Volk, das mit den Ungeheuerlichkeiten zusammenlebte. Die Mehrheit wollte nichts wissen, weigerte sich zu ahnen, nahm hin, sah weg, riskierte, hieß gut. Ihre noch kleinen Kinder wollten und konnten sich vor Ahnungen nicht abschirmen, ängstigten sich vor dem Wort «KZ», bildeten sich ein, daß Bohnerwachs nach Menschenfett riecht, hatten unheilvolle Assoziationen: Auf einem Pensionsschild «Gast-räume» lasen sie aus Versehen «Gas-träume» und schauderten sich…

In der Nachkriegszeit hätten die Deutschen endlich Gelegenheit gehabt, *alles* zu wissen. Aber nun vergruben sie sich, wüteten lieber das Wirtschaftswunder hoch, als die aus allen Rahmen fallende Vergangenheit aufzuarbeiten.

Wenn die Deutschen bis auf den Grund ihrer Existenz gegen die Ereignisse gewesen wären, hätten sie sich an den Konzentrationslagergedenkstätten gedrängt, wären sie in die Filmvorführungen und in die Ausstellungen zu diesem Thema geströmt, hätten die Zuschauerräume aller Dritte-Reichs-Prozesse bis heute gefüllt. Sie taten das nicht, ließen aber das Wort «Jude» weiter fallen, wenn sie jüdische Menschen kennzeichnen wollten.

Zu wenige Deutsche litten unter dem Vorkriegs-Hitler und gingen nach Hitler an die vielen Stellen der Wissensvermittlung. Zu viele sagen aber noch heute verschrobene Sätze: *Hitler hat die Autobahn gebaut. Hitler hat die Arbeitslosigkeit beseitigt. Ich war für Hitler, weil er für das Soziale war. Heute hat Adolf Geburtstag. Der liebe Gott hat vielleicht die vielen toten Juden gewollt. Die Russen haben dafür unsere Frauen vergewaltigt. Krieg war Krieg. Rotterdam ist viel schöner aufgebaut, als es vorher war. – Der Wieland soll doch dem Führer dankbar sein, denn er hat ihm durch die Freistellung vom Militärdienst das Leben gerettet (Winifred Wagner).*

Die Deutschen ärgern sich bei jeder Aufklärung der Vorgänge von 1933 bis 1945.

«Den alten Käs' von damals» wollten viele Zeitgenossen nicht aufgewärmt haben. So begründeten sie, warum sie sich Filme wie «Holocaust» nicht ansehen wollen. «Holocaust» konnte den Deutschen nur im 3. (besonderen) Programm, nicht im 1. (allgemeinen) Programm zugemutet werden. Auf den Film wurde meist nicht dankbar reagiert, obwohl doch nun endlich das Nichtgewußte durch diese Familienserie offenbar wurde. Vielmehr entstand Aufregung: Nach vierunddreißig Jahren solle nun endlich mit dem Aufwühlen dieser Dinge Schluß gemacht werden. Das deutsche Volk habe doch selbst gelitten. Die Zahlungen der Deutschen an die Juden haben doch das Unrecht gesühnt! Anale Argumente – statt Aufhellung, statt Einsicht und Veränderung, statt immerwährender Gegenwärtigkeit der Geschehnisse, statt universaler Wissensverbreitung des Nichtgewußten, statt unermüdlicher Heraufholung des Verdrängten. Mit Geld soll Leben wettgemacht werden – erneute Verhöhnung der Juden, ihre Toten zahlen die Deutschen ihnen nachträglich aus und nennen das auch noch Wiedergutmachung. Kein Leid und kein Sterben können mit Geld, auch nicht mit Milliarden wieder gut gemacht werden. «Schadensersatz» verlangt das Gesetz von Tätern, die etwas zerstört oder beschädigt haben. Mehr geschah auch auf politischer Ebene nicht. Es besteht kein Grund zu Ruhe und Einbildung.

Das Furchtbare war den Deutschen nicht fremd, sondern saß in ihnen. Das beweist ihre Unfähigkeit und Unwilligkeit, sich mit ihrem Tun und Geschehenlassen in der Vergangenheit zu beschäftigen. Das Anale kann nichts bewältigen. Es den Deutschen abzuverlangen, war umsonst. Ihr Sadismus hat nach dem Kriege sofort nach neuen Aktionsfeldern gesucht. Der Bündnisfaschismus der Männer wurde zum Privatfaschismus der Familienväter. Kinder mußten sich ducken lernen unter sich öffentlich duckenden Vätern, die zu Hause heimlich weiterwüteten. Und die Destruktivität ging über von Personen auf den Boden. Eine Reise durch die Bundesrepublik genügt, um erneut an dem verwirrten Gemüt der Deutschen zu rätseln: Wie Maulwürfe wühlen die Deutschen im Boden, stampfen Beton heraus, fanatisieren Wirtschaft, kurbeln sie an durch rasendes Bauen. Jeder Betonklotz, jeder Asphalt, jedes Hochhaus und jede Straße, die Generalnaturvernichtung putscht die deutsche Wirtschaft auf. Die Bundesrepublik ist drittmächtigstes Wirtschaftsland der Welt geworden.

Der überhelle Geist ist verflogen. Aus der Bodennähe kann er nicht mehr Kraft beziehen; denn der Boden der Deutschen ist betonzu. Flüche von Millionen getöteter Menschen, die die Deutschen nicht bannen wollen, versengen ihn. Auf Flüchen und Beton kann keine Kultur mehr wachsen. Also stecken die Deutschen ihre Köpfe noch mehr nach unten und wühlen.

Die Situation im DDR-Deutschland ist etwas anders. Die Deutschen dort versuchten Entwicklung, betrieben massive Aufklärung über die Geschehnisse des Dritten Reiches, wollten eine Wiederholung verhindern, begannen mit neuem Anfang. Die DDR-Gesellschaft hat orale und genitale Eigenschaften, die in der Bundesrepublik fehlen. Die Partei ist Mutter, die gibt, nimmt, versorgt, austeilt, einteilt, zurückhält, verbietet und erlaubt. Und die Kindermenschen werden gezwungen, dauernd zusammenzusein: bei der Arbeit und nach der Arbeit, an Festtagen und für Sondereinsätze. Die Gemeinschaft wird propagiert und befohlen. Wenn auch notgedrungen, so haben die Deutschen dort mehr Kontakt untereinander als in der Bundesrepublik. Neben der sozialistischen Lippenbekenntnisgemeinschaft leben die Bürger ihre Beziehungen. Die Menschen werden zur Beziehung genötigt, wenn sie etwas erreichen wollen. «Beziehung ist alles» heißt, daß die Menschen wirklich Beziehungen eingehen müssen, sonst kommen sie nicht an die Stellen, an die sie wollen, und zu den Dingen, die sie haben wollen.

In der Bundesrepublik zählt nur Geld. Die Landschaft im DDR-Deutschland ist noch nicht so zermartert mit Beton, mit Asphalt, mit Überall-Neubau und Eigenheim-Weiß, wie sie im BRD-Deutschland ‹saubergemacht› worden ist. Aber dafür haben die DDR-Deutschen ihre Analität woanders. Sie leben im doppelten Loch Europas, Ländermittegesellschaft ummauert, staatseingelocht. Das bedeutendste Kennzeichen der sozialistischen Deutschen ist die Analität ihrer Ideologie: Nur *eine* Idee gilt, *ein* Programm von Ewigkeit zu Ewigkeit, halsstarriges Bleiben im dialektischen Materialismus, Kleben im Marxismuspech. Jugend und Künstler geben ihren Geist auf. Aber er ersteht immer wieder von neuem, wird dann ab und an zu Staubflusen zusammengefegt und aus dem Mauerhaus geworfen. Auch die DDR-Deutschen machen sauber und wundern sich dann, wenn ihre Kreativität versiegt.

Und erst das Geschiebe zwischen den beiden deutschen Staaten, unentschlossenes Hin und Her: Dauerverstopfung. Menschen werden zurückgehalten, aber nicht Wirtschaft. Menschen werden gegen Geld getauscht. Das Geld ist der einzige Einigungspunkt. Außer Ökonomie gibt es keine Verständigung zwischen den Brudervätern. Ihre Kultur reichen sie einander seltsam befruchtungslos hin und her. Die BRD-Deutschen drucken und führen brav auf, was DDR-kritisch ist. Aber die DDR-Werke greifen nicht in die BRD-Probleme ein. Das Westpublikum seufzt: Die armen Ostler! Und die Werke der BRD, die die DDR-Deutschen in ihr Land hereinlassen, sollen Ventil sein. In BRD-Produkten erkennen DDR-Deutsche auch ihre Verhältnisse etwas wieder, was aber nicht benannt werden darf. Die Ost-Deutschen seufzen: Wie bei uns!

Deutschland – das heißt heute mehr als je zuvor: Verfestigung, Perspektivelosigkeit, Wahnsinn. Die DDR-Jugend knirscht, die bundesdeutsche siecht oder geht in die Gewalttat. Die Deutschen sind in Wirklichkeit nicht über ihren Untergang im Dritten Reich hinausgekommen. Was sie im Jahre 1939 begannen, anderen anzutun, das machen sie heute mit sich selbst. Sie löschen sich aus. Die kulturelle Situation der Deutschen ohne die Juden – ohne Befruchtung zwischen Juden und Deutschen – ist Nacht. In den deutschen Städten fehlt der Geist, fehlt das funkelnde, grenzüberschreitende Auge aus jüdischen Köpfen. Trostloser Gesichtseintopf. Die Väter haben den Kindern die ihnen seit Jahrhunderten geistig und seelisch zugewachsenen Geschwister geraubt. Generationen von Deutschen werden in Mattigkeit festsitzen. Die Juden werden nie wieder kommen.

Nun sehen die Deutschen auf türkische, griechische, jugoslawische, italienische Gesichter, die den gemordeten jüdischen gleichen. Wenn sie den Mund aufmachen wollen, um deren Geist zu berühren, schrecken sie zurück, wie unüberwindbar fremd die neuen Fremden ihnen sind, jahrhunderte- und kilometerfern, so fern ihnen die entschwundenen trotz aller Beteuerung «völkischer» Andersgeartetheit nie waren.

Die Deutschen zerstören ihren Humus. Die Deutschen in der Bundesrepublik zerstören ihren Boden, fanatisieren sich in ihrem einzigen Trachten, das sie treibt, auf Wirtschaft. Wieder toben sie sich in einer Art analer Entfesselung aus. Es gilt ihnen nur Arbeit, Fleiß, Sauberkeit. Die Deutschen in der DDR kommen da nicht ganz nach, wie sie es aber wollen, und sie richten ihre Augen neidisch und eifersüchtig nach Westen, auf des großen Bruders West-Wirtschaft. Sie löschen ihren geistigen Humus aus, der Vielfalt der Ideen heißt, und zwingen sich unter den Asphalt einer einzigen Ideologie.

Die Welt verachtet die Deutschen abermals, ängstigt sich vor ihrer Erstarrung und vor ihrer Eskalation in Wirtschaft. Die Bundesrepublikaner genießen eine Scheinachtung, weil sie reich sind, werden angestochen aus Interesse an ihrem DM-Fett.

Die Deutschen werden von der Welt als Schweine verlacht. Die Franzosen nennen sie «boches». Schweine sind dick. Die Deutschen essen am liebsten Schwein. Die Menschen werden ein wenig den Tieren ähnlich, die sie essen. Schweine wühlen in Kot, Schlamm, Mist. Das Schwein «ist» anal. Die Deutschen lieben das Schimpfwort «Du Schwein!» wie die Flüche des Loches.

Es gibt in der Bibel eine Schweinegeschichte (Markus 5). Jesus heilt einen Besessenen vom unsauberen Geist. Die Teufel fahren vom Mann in eine Herde Schweine, die sich ins Wasser stürzt. Die Schweine übernehmen den Wahnsinn. Die Geschichte verdeutlicht etwas Patriarchatsprinzipielles: Der Wahnsinn des Mannes geht auf die Schweine. Der Wahnsinn des Patriarchats hat sich in besonderer Weise auf die Deutschen konzentriert. Patriarchat ist überall und überall wahnsinnig. Der unsaubere Geist der Vätergesellschaften ist in die Deutschen gefahren, die sich in den Untergang stürzen.

Die Völker brauchen nicht zu lachen über die Deutschen, die ihnen den Wahnsinn, in dem alle leben, selbstuntergänglich vormachen.

Das Dritte Reich war objektiv das Ende des Patriarchats. Wenn eine Gesellschaftsordnung solche Geschehnisse, wie sie von deutschen Vätern ausgedacht, von deutschen Männern ausgeführt, von deutschen Frauen mitgemacht worden sind, hervorbringt, hat sie ihr Ende eingeleitet. Die Völker wollen dieses allgemeine Ende noch nicht wahrhaben. Die Männer toben an allen Ecken der Welt ihre Wahnsinnstaten aus. Alles Patriarchat, das sich nach dem Dritten deutschen Reich noch fortsetzen will, ist Verzögerung des Untergangs. Die anderen Völker sind noch nicht so weit und nicht so patriarchatsdreckig wie die Deutschen.

Die Deutschen machen Untergang praktisch und ideologisch. Die jüdischen Deutschen haben die Mittel angeboten, die die patriarchalische Welt gierig aufgenommen hat. Marx lieferte die Gedanken für die Systemspaltung der Welt, Einstein für die Spaltung der Materie. Die blockgegnerische Ost-West-Welt steht sich im politisch gespaltenen Deutschland auf Knopfdruck gegenüber, die Zerstörungsmittel aus gespaltenem Kern mit Raketen loszujagen. Noch immer kann sich das Patriarchat nicht dazu entschließen, sich friedlich ablösen zu lassen, rüstet für einen knallartigen Untergang lieber wett, rüstet vor, rüstet nach.

Die Bibelgeschichte von den Schweinen ist eine unauffällige Erlösungsgeschichte. Der Wahnsinn des Patriarchats geht vom Mann über die Schweine ins Wasser. Wasser ist das Zeichen für Natur, Leben, Weiblichkeit. Ohne Wasser kein Leben. Die unreinen Geister verschwinden im Wasser.

Die Juden wissen alles. Die Deutschen machen alles. Die alte Bibelstelle gibt ihnen einen Hinweis. Entweder sie sind die Schweine der Welt und vollziehen den Wahnsinn des Patriarchats am eigenen Untergang, wie sie es in den dreißiger Jahren begonnen haben, oder sie verstehen die Allegorie und sind die erste Gesellschaft, die mit der Patriarchatsüberwindung beginnt. Den Weg zeichnet die Allegorie vor: Manneswahnsinn = Patriarchat (deformierte Analität, Destruktivität). Schweine = Entsublimierung (aktuelle Analität). Wasser = Weiblichkeit (Genitalisierung, Natur, Leben).

Das wichtigste: die Deutschen müssen ihre Analität erkennen, sie als ihr Charakteristisches annehmen und lernen, mit ihr umzugehen, ihre Vorzüge fördern, ihre Gefahren vermeiden und versuchen, die anale Ausschließlichkeit zu überwinden. Wenn ihnen das gelingt, werden die anderen Völker sie wieder achten können. Dreierlei ist erforderlich:

1. Die anale Deformation aufheben. Ein besonders anal charakterisiertes Volk wird immer zur Destruktion neigen, wenn es seine Analität nicht direkt und transformiert ausleben kann.
2. Täuschungen mit Scheingenitalität unterlassen.
3. Alles fördern, was Entwicklungsfähigkeit (echte Genitalität) auszubilden hilft.

1. Für die Deutschen ist die totale Wirtschaftsgesellschaft eine Gefahr, weil sie ihre anale Deformation verstärkt. Deutschland als Agrarland? Das klingt absurd. Bekanntlich gab es nach 1945 in Amerika Befürworter des Planes, aus Deutschland einen Agrarstaat zu machen. Was als Strafe gedacht war, hätte zur Heilung werden können; mit dem Boden beschäftigt, hätten sich die Deutschen beruhigen und schöpferische Kräfte sammeln können. Aber die Bundesrepublik ist ein radikaler Wirtschaftsstaat geworden. Daraus bildet sich erneut Deformation des deutschen Charakters. Die Deutschen tun so, als könnten sie mit der Landüberbauung, mit dem Wirtschaftswachstum, der Konjunktur und dem Fortschritt immer weitermachen. Es muß das Umgekehrte geschehen, wie es die «Grünen» als Teil der Deutschen versuchen durchzusetzen. Gedanken und Taten müssen sich wieder dem Boden zuwenden. Die Natur muß aus der Unterdrückung befreit werden und wenigstens einige ihrer Rechte wiederbekommen.

2. Für die Deutschen ist die Nation eine Gefahr. Die Schweizer machen es ihnen seit Jahrhunderten vor, die Belgier können es, die Skandinavier ebenso: Gruppen, Stämme oder Völker, die kooperativ nebeneinander leben, in gutnachbarlichem Kontakt, mit politischwirtschaftlichem Zusammenwirken. Die Schweißung unter eine Zentralmacht belastet die Deutschen zu sehr. Nach 1945 ist es, bezogen auf ihr zweites großes Problem, schon einigermaßen günstig verlaufen. Die Großdeutschen wurden in zwei Klein-Deutsche geteilt und fest unter die Arme von Nationenblöcken genommen. Aber verheerend ist ihre Fixierung in der feindlichen Systemspaltung. Alles, was die Deutschen festmacht, unterstützt ihre anale Deforma-

tion. Sie müssen beweglich sein. Sie müssen reisen und schauen. Durch sie muß gereist werden. Vermischung von Ost und West, Nord und Süd, Befruchtungen aus allen Nachbarländern. Das ist durch die Systemtrennung unmöglich geworden. Die Deutschen, zerteilt und in feindliche Blöcke gepreßt, werden deren Annäherung nicht fördern. Und die Verkleinerung reicht noch längst nicht aus. Die DDR-Deutschen bekommen Sachsen, Berliner und Mecklenburger nicht unter einen Sinn. Die BRD-Deutschen hadern ununterbrochen miteinander vor Gegensätzlichkeit ihrer Stämme. Süd- und Nordregionen können schlecht anhaltend miteinander auskommen. Bayern, Schwaben, Franken, Niedersachsen, Rheinländer, Hessen, Westfalen, Holsteiner... trennt Verschiedenheit. Deutschsein hat ihnen Unglück gebracht.

3. Für die Deutschen ist die Kleinfamilie eine Gefahr. Durch sie wird ihre anale Struktur unbeeinflußbar festgelegt. Die Analität der Deutschen läßt ihr Geschlechtsleben blaß und skizzenhaft ausfallen. Die analen Männer geben Geschlechtsverlangen nur vor, sind treu aus Nichtaktivität. Das ungenital-Männerbündlerische hat eine hohe Anziehungskraft auf den deutschen Mann; denn es ist Stätte des Anklangs seiner verdrängten Analität. Die deutschen Frauen haben keine Bünde. Die Befriedigungsstätte ihrer Analität muß daher die Wohnung und deren Saubermachen sein. Mangelnde genitale Befriedigung der Frauen steht mit unbefriedigend verlaufendem Aufwachsen der Kinder in Zusammenhang. Die Kinder gehen ihren Gang in orale und anale Störungen. Der Analisierungskreislauf kann nur durchbrochen werden mit der Aufhebung der Kleinfamilie, mit der Einrichtung neuer, mehrpersonaler Erziehungsmodelle. Die Deutschen brauchen mehr als die Juden kibbuzähnliche Aufwachsensbedingungen.

Der Nationenzusammenschluß, die absolute Wirtschaftsgesellschaft und die kleinfamiliäre Aufzucht werden anderen Völkern nicht so verhängnisvoll wie den Deutschen. Es sind Untergangsprogramme, die alle Völker in Mitleidenschaft ziehen, aber den Deutschen besiegeln sie die Selbstzerstörung.

Vielleicht verstehen immer mehr Deutsche die Allegorie von den

Schweinen auf diese oder andere Weise und nehmen sich vor, nicht mehr die Untergangsvorläufer der Welt zu sein.

Die Erlösung der Amerikaner

Die Amerikaner werden das Paradies durchsetzen. Sie werden den Untergang menschlichen Lebens veranstalten. Sie haben alles zur Endgültigkeit von Patriarchat eingeleitet. Juden und Deutsche sind anale Fossile. Sie haben Munition und Anlässe für die Auflösung geliefert. Die Amerikaner sind Gegenwart und Zukunft. Sie haben Macht, Bedingungen und Phantasie, die Umpressung von Welt in Paradies wirklich stattfinden zu lassen. Sie nehmen schon seit langem die verschiedenen Untergangsspektakel in ihren science-fiction-Machwerken auf der Leinwand und im Buch vorweg.

«Anal deformiert» kann mit «amerikanisch» gleichgesetzt werden. Die Merkmale wuchern. Allen voran Hiroschima. Hiroschima hat Auschwitz vollendet. Hiroschima ist vollkommene Destruktion. Auschwitz hatte noch Züge von Aggression. Der Tod von Hiroschima faßte nicht mehr an. Männer saßen im Zimmer, tüftelten Formeln aus, andere Männer saßen im Labor, machten aus Formeln Stoffe, die unheimlich sind. Wieder andere Männer befahlen abermals anderen Männern, die Stoffe in ein Flugzeug zu laden, an irgendeinen Ort zu fliegen und abzuwerfen. Die Männer machten es. Die Stoffe fielen herab. Und Tausende von Menschen waren tot, weitere Tausende so verletzt, daß sie sich allmählich entleibten. Die Natur war für lebendige Körper nicht mehr brauchbar. Erde wurde Wüste, Luft wurde Gas (Chaos).

Die Deutschen haben die Juden in Auschwitz noch angefaßt, gestoßen, gefoltert. Sie haben noch leiblich vernichtet. Und sie mußten den Tod anfassen, die Leiber aus den Kammern herausholen, verscharren und verbrennen. Die Amerikaner flogen nach der Zerstörung von Hiroschima nur einfach wieder nach Amerika. Gefühlt und berührt haben sie die getöteten Leiber nicht, nur kurz eingeschmolzen.

Hiroschima ist die Vollendung des anal deformierten Zeitalters. Die Grausamkeiten des Patriarchats waren bis dorthin noch Anteil des Lebens. Zur Folterung und Tötung mußte Leib an Leib heran. Das war noch warm im Gräßlichen. Atombombe, Wasserstoffbombe, Neutronenbombe, Mittelstreckenrakete sind heiß und kalt.

Die Amerikaner haben mit allem begonnen, was unser Leben entsetzlich macht. Die Sterilität ist ihre Erfindung. Sie ekeln sich vor den Elementen Luft, Wasser, Boden. Aircondition – Luftkondition?

Einmal in Wiesbaden einen Wasserhahn geöffnet, läßt den Mund lieber verdursten, als sich an diese chlor-essenzierte Kunstflüssigkeit zu wagen. Die Amerikaner sind dort stationiert und haben Angst vor den Bakterien, sagen die Wiesbadener, wenn sie die Verfälschung ihres Wassers erklären.

Amerikaner haben Wolkenkratzer errichtet. Jenseits vom Boden zu leben und zu arbeiten, ist über dem siebenten Stock menschenschindend.

Die Beseelung von Dingen kennen die Amerikaner nicht. Sie ziehen wo ein, kaufen sich etwas, ziehen dort aus, werfen das Gekaufte weg, kaufen sich woanders etwas Neues. Sie verstehen nichts von Anwärmung zwischen Menschen und Gegenstand. Sie haben mit der Entfremdung zwischen Mensch und Ding begonnen, sind in die Produktion von Müll geschlittert. Sie sind die erste Konsum- und Wegwerfgesellschaft.

Gemütlichkeit, Innigkeit und Geborgenheit sind Stimmungen, die sich bei den Amerikanern schwer finden lassen. Statt Tiefe: Perfektion = steril. Abgase des Perfektionismus sind die Super- und die Bestphänomene: Alles verläuft steil, schnell, nichts wächst, entwickelt sich, blüht. Super, best = alles ist nur vornan und obenauf.

Überall Automation und Apparatur. Das Auto und der Amerikaner sind fast zu einer Einheit geworden. Große Straßenkreuzer stokken das Selbst- und bauen das Machtgefühl der einzelnen Person auf. Das Auto ist für den Amerikaner Begegnungs- und Zeugungsstätte, Essens-, Schlaf- und Wohneinheit. Das Auto ist Symbol für Freiheit = willkürliche Fortbewegung. Das Auto ist auch der Ort der Kultur: Autokino.

Der Kapitalismus – die Gesellschaft der analen Deformation –

funktioniert nirgendwo so perfekt wie in Amerika. Seit der Zeit absoluter Kapitalismusverbreitung in der Welt schwoll Amerika zur mächtigsten Nation. Das Land der unbegrenzten Möglichkeit ist Stätte der unmöglichen Verhältnismäßigkeit.

Die anale Deformation, die Unverhältnismäßigkeit zum Boden, ist schon der Anfang der amerikanischen Geschichte. Verschiedene Männer aus verschiedenen europäischen Ländern sind übers Meer gesetzt und haben sich vorgenommen, in Amerika eine neue Existenz aufzubauen. Diese Männer haben drei grundsätzliche Fehler gegen das Leben begangen, die sie offenbar nur mit ihrem eigenen und mit dem nach sich gezogenen Untergang der ganzen Welt «wiedergutmachen» können.

1. Die Männer sind als einzelne übergewechselt, als Abenteurer wahllos durcheinandergewürfelt. Sie haben sich aus dem Zusammenhang ihrer Herkunft gerissen. Die Besiedlung Amerikas geschah nicht als Völkerwanderung, als Landneuaufteilung oder als kriegerische Landverschiebung zwischen Völkergemeinschaften. Es wanderten einzelne aus oder auch Rumpfgruppen kleinfamiliärer Zusammensetzung: Väter, Mütter, Kinder. Großeltern, Geschwister, Verwandte blieben meist in Europa. Bevölkerungen von Dörfern oder Landstrichen wechselten in der Regel nicht gemeinsam den Kontinent. Alte Gemeinschaft wurde aufgegeben, und neue Gemeinschaft mußte gegründet werden. Es schien, daß es gelungen ist, die fremden, einzelnen Menschen (Männer mit ihren nachgeholten oder mitgebrachten Frauen) unter die Vereinheitlichung eines Gemeinwesens zusammenzuschließen. Wie sich aus Amerikas rasender Unruhe erweist, ist das Gegenteil eingetroffen: eine verstörte, zerrissene, sich und Welt zerreißende Gesellschaft. Geblieben ist, was Amerika von Anfang an war: eine unter dick aufgetragener Fortschrittsschminke versteckte reaktionäre Kleinbürger-«Kultur».

2. Die Männer haben die im Lande Amerika gewachsene Gemeinschaft der Indianer ausgelöscht.

3. Die Männer haben Menschen aus einem anderen Kontinent, die bevölkerungsgeschichtlich nichts mit ihnen gemein hatten, nach Amerika geholt. Die Indianer taugten nicht zu Sklaven, die Männer

wollten nicht alle landbewirtschaftenden Arbeiten selber machen. Sie rissen die Afrikaner aus ihren Zusammenhängen, zwängten sie in Bedingungen, die noch heute nicht den Eindruck eines für sie entstandenen neuen Zusammenhanges erwecken. Afrikaner und Europäer sind in Amerika nicht zueinander gewachsen. Die Afrikaner erinnern noch in ihrer Sprache und in ihren Sitten an ihre alten Verhältnisse.

Alles in Amerika ist außer Zusammenhang. Europäer haben das Land Amerika nicht erworben, haben es nur in Eigentum genommen. Die arbeitende Auseinandersetzung mit dem Land ließen sie die Afrikaner tun, die es aber nicht als ihr eigenes Land begreifen durften.

Die Amerikaner haben ihr Leben in Amerika als Saubermachen und als Grenzziehung begonnen. Das Land haben sie von den Indianern saubergemacht und sich bis heute von den Afrikanern abgegrenzt. Solche lebensfeindliche Praxis trieb die Verhältnisse in die anale Deformation. Die Amerikaner wurzeln nicht in ihrem Boden. Und sie haben sich mit Indianern und Afrikanern nicht vereint. Sogar die europäischen Nationalitäten sind untereinander nicht verbunden. So können Amerikaner keine menschheitsgeschichtliche Entwicklung machen, sondern werden sich vom Winde ihrer eigenen Verhältnisse verwehen lassen müssen. Sie praktizieren in Frieden und Krieg Destruktion. Sie harren der Auflösung. Sie begehren die Auslöschung. Sie erwarten die Wiedervertreibung von ihrem ihnen selbst fremden, unheimlichen Kontinent, was sie mit nuklearen Explosionen heraufbeschwören. Sie entwickelten die Neutronenbombe, geplant für Europa, die die Menschen dort tötet und die Gebäude stehenläßt, die die Amerikaner dann beziehen können.

Der mißratene Anfang der ehemaligen Europäer auf dem neuen Kontinent ließ kein Verhältnis zur «Mutter» entstehen. Das orale Defizit prägte in Amerika schon lange die Erscheinungen, die heute in der ganzen Welt zu beobachten sind. Amerikaner sehen so aus, als hätten sie keine Mutter gehabt. Die mitgenommenen, mitgegangenen Frauen sind ganz besonders den drei Belastungen: Isolation, gesellschaftliche Bedeutungslosigkeit und Enterdung ausgesetzt gewesen. Die Europäer nahmen das in Europa allmählich sich verbreitende Kleinfamilienprinzip mit nach Amerika. In Europa blieben die Menschen aber bis in das 20. Jahrhundert in Sippenbezügen leben.

Amerika war Männersache. Die Eroberung und Existenzanlegung gehörte in den Bereich des Mannes. Frauen mußten zwar mit Hand anlegen, aber ihr in Europa noch halbwegs autonomer Bereich verkam im neuen Land zur Nebensache. Frauen verloren ihren Frauenrückhalt. Die amerikanischen Frauenvereine haben nie die großfamiliäre Einbettung der europäischen Frau ersetzen können. Frauen bekamen zwar in der Verfassung besondere Rechte, erhielten aber in den die Gesellschaft bestimmenden Institutionen keine Macht. Der Bereich des Mannes gewann durch das gesamte Abenteuer Amerika enorm an Bedeutung; der Bereich der Frau verkam in Amerika als erstem Land der Welt auf die Funktion Fortpflanzung. Gehütete, beschränkte, zur Puppe erstarrte Frauen haben im 19. Jahrhundert begonnen, sich zu wehren. Aber auf die Funktionsweise des Patriarchats zu wirken, auf seine Beendigung zu drängen, können und dürfen Frauen noch heute nicht.

Das im 20. Jahrhundert in Amerika sichtbar gewordene Idol von Frau ist alles andere als Mutter. Was wird aus einem Neugeborenen, wenn er auf das Sammelsurium von Weiblichkeitserfordernissen, die der Frau auferlegt werden, schauen muß? Abgesprayt, desodoriert, parfümiert, wasserstoffsuperoxydiert, das Gesicht essenzentinkturiert und make-up-versiegelt, die Augen mit Lidschatten und Stechwimpern, meist schrillbebrillt, rotlackierter Knallmund mit Jackettkronen-Bestzähnen, Wörter knautschend... «Schlafe, mein Prinzchen, schlaf ein.»

Die Amerikaner haben es wahrscheinlich früh aufgegeben, auf die Mutter zu hoffen. Sie wirken ein wenig wie hospitalisiert. Die Industrie hat sie dafür an ihre Brust gelegt – mit Kaugummi. Und genital? Es gibt den Begriff vom häßlichen, unerotischen, a-sinnlichen Amerikaner. Der amerikanische Mann erlebt die Frau als eine Art kosmetische Staffage. Die Amerikanerin schminkt sich nicht wie zum Beispiel die Französin, um sich für Geschlechtlichkeit bereitzumachen, sondern um sich gegen sie abzubrühen. Die Genitalität von «Einzelgänger» und «Puppe» ist Show. Die Amerikaner hatten Grund, die Sexwelle zu erfinden.

Das Idol des Amerikaners ist ein rührender, gutmütiger, einfältiger und «unabhängiger» Mann, streng genommen: Junge, «cow-boy» jeden Alters. Marlboro signalisiert exakt das Selbstverständnis des

Amerikaners: Mann zwischen Freiheit und Abenteuer, was genau heißt, zwischen Willkür und Herummachen, zwischen Unreife und Laune. Der Amerikaner ist Einzelgänger, will immer noch Eroberer sein – Frau weit weg –, obwohl es auf der Erde längst nichts mehr zu erobern gibt. Deshalb muß er in den Weltraum. Der «Krieg der Sterne» (SDI) ist nicht das Gespinst von einzelnen, sondern entspringt der Mentalität des gesamten amerikanischen Mannes.

Dieser Mann ist nicht Partner der Frau und Vater der Kinder. In Amerika ist das Nimmer-Wiederkehr-Verschwinden von Ehemännern und Familienvätern stärker verbreitet als anderswo. Schwer zu denken, daß dieser Mann Verantwortlicher für die Gesellschaft und sogar für die Welt sein will.

Vor der Nase der Amerikaner haben die Afrikaner Befriedigung aller ihrer Triebe in Fülle. Oral = üppige Mamakultur, erhaltene oder wiedererrichtete Sippen. Anal = Lust an Dreck, genital = sie können alles, machen alles, wollen alles. Das ärgert die sterilen Amerikaner. Sie riegeln sich vor den Afrikanern ab, beneiden sie aber verstohlen um ihre lustvollen Kräfte. Und sie gönnen ihnen nicht, daß sie als Entführte und Beherrschte kein Schuldgefühl wegen der Indianerausrottung zu haben brauchen. Die Afrikaner regenerieren sich immer wieder aus dieser Freiheit.

Das Untergangswütige der Amerikaner richtet sich nicht nur gegen sich selbst (wie es bei den Juden geschieht), greift nicht nur unter ihren Nachbarn um sich (wie es die Deutschen entfesselt haben), sondern tobt sich in der ganzen Welt aus. Von den Juden über die Deutschen zu den Amerikanern steigert sich die anale Deformation. Die Bedrohlichkeit der Amerikaner ist am stärksten. Sie wollen die Menschheit analisieren. Sie überschwemmen die Länder mit ihrem Müllgebaren. Die amerikanischen Prinzipien der Sterilität und Künstlichkeit sollen sich überall durchsetzen. Israeli und Deutsche sind am anfälligsten und willigsten, sich überschwemmen zu lassen.

Mit ihrem Geld haben sich die Amerikaner in alle Länder ihres Einflusses eingekauft. Das sieht nach Freundschaft aus, bedeutet aber für die Völker Entwurzelung, heißt, Verhältnisse einzurichten, wie sie in Amerika herrschen.

Die Welt geht nicht an Rußland oder an China zugrunde, sondern an Amerika. Russen und Chinesen betreiben Imperialpolitik mit alten Merkmalen: Unterwerfung, Knute von oben, Bestimmung, Ausbeutung. Das ist für die betroffenen Völker schmerzlich, aber nicht lebensgefährlich. Die Amerikaner scheinen sich mit den ihnen ausgelieferten Völkern frei zu verbünden. Sie höhlen sie aber aus, unterlaufen sie, reißen sie aus ihren ureigenen langüberkommenen Lebenszusammenhängen. Die Russen betreiben keine Russifizierung ihrer Unterworfenen. Sollten sie das gewollt haben, ist ihnen das nicht gelungen. Außerdem fühlen und sehen die Unterworfenen die Unterwerfung. Die Amerikaner betreiben Amerikanisierung. Sie schleichen sich in dem Bereich ihres Einflusses wie das böse Gas der Neutronenbombe ein. Nichts ist zu sehen, und plötzlich brechen die Völker zusammen, aufgekauft, wirtschaftsausgenommen, kultur- und eigenartsberaubt. Die Destruktion der Amerikaner ist kaum sichtbar, ist mit einemmal da. Es gibt keine Möglichkeit, sich ihrer zu erwehren. So agieren auch CIA und FBI, die kältesten Männergremien, die das Patriarchat hervorgebracht hat. Sie sind überall dabei, am Gräßlichen in aller Welt beteiligt. Aber sie sind nicht zu fassen. Es gibt keinen Schutz gegen sie.

Die Alliierten hatten 1945 recht, als sie sagten und schrieben, sie wollten den preußischen Militärstaat zerschlagen. Preußen – das war etwas Bodenloses, Künstliches. Das schwäbische Geschlecht der Hohenzollern war in die Mark Brandenburg gekommen und hatte dort Staat gemacht. Die Schwaben gelten als der anal-prägnanteste Stamm unter den Deutschen. Die Hohenzollern waren in Brandenburg nie richtig eingewurzelt. Sie verbanden sich nicht mit dem dort lebenden Volksstamm. Sie bildeten keine einheitliche Menschengruppe, die mit ihrem Land zusammenwächst. Preußen war kein Volk und hatte keine eigene Sprache, vergleichbar den Sachsen, Bayern, Hessen..., es war eine Regierungseinheit, existierte nur als Staat, war ein Herrschaftsgeschlecht mit einer Beamtenapparatur. Sowie sich dieses Kunstgebilde zur Machthabung über die anderen deutschen Gruppen aufgeschwungen hatte, geschah Falsches, wurde Weltauflösendes angebahnt. Die Vorläufer der Brandstifter Bismarck, Wilhelm II. und Hitler waren die Preußenkönige Friedrich Wilhelm I. und Friedrich II., unheimliche Fürsten, die Tod um sich verbreiteten wie kein anderer deutscher Herrscher ihrer Epoche.

Alles, was künstlich ist, was sich nicht entwickelt hat und sich nicht entwickeln kann, ist untergangsgeneigt.

Amerika kann nicht zerschlagen oder von anderen Ländern in Schach gehalten werden. Die Erlösung der Amerikaner wird durch ihre Entkräftung eingeleitet. Erlösung bedeutet für die Amerikaner: ein Verhältnis zu ihrem Boden bekommen, die Spaltungen und Begrenzungen aufgeben, sich vermischen.

Die Geschehnisse zurückzudrehen – Amerikaner nach Europa, Afrikaner nach Afrika, Indianer wieder in die alten Territorien –, würde neue Unerlöstheit heraufbeschwören. Aber die Amerikaner können versuchen, in Bedingungen zu kommen, die denen der Ureinwohner Amerikas ähneln: Verbindung unter den Menschen, Bodeneinklang, Grenzen zwischen Afrikanern und Amerikanern aufheben, Indianer teilnehmen lassen – sexuelle, geistige und arbeitende Vereinigung zwischen den dort lebenden Völkern. Weiß paßt nicht nach Amerika. Es muß farbig werden, in der Haut wie in der Haltung (der Gesinnung).

Die Amerikaner können ihre Schwächung endlich zulassen; denn Europa, gegen das sie sich stark machen wollten und mußten, das ihnen gefährlich gewesen war, ist schwach geworden. Wenn Amerika schwach wird, werden die Russen keine unterschwellige Angst mehr vor Amerika haben. Es hatte seinen Grund, warum die Russen bis 1917 das am wenigsten kapitalistisch ausgeprägte europäische Land waren. Sie haben kein Verhältnis zum Kapitalismus. Sie werden es nie schaffen, Amerika aufzuholen, ihm gleich zu sein. Sie sind zu schwer, zu faul, gehässig gesagt, zu dreckig. Das ist es. Sie eignen sich nicht für die bodenabgehobene Künstlichkeit, mit der die Amerikaner fähig waren, ihr Leben kapitalismusgerecht tödlich zu machen. Durch ihre angstvolle Fixierung auf Amerika treiben die Russen ihr Leben in einen technologischen Standard, der ihnen fremd und unangenehm ist. Wenn die Russen verschnaufen, könnten sich die Chinesen beruhigen. Wenn die Weltmächte abvätern, kommen die Menschen zur Ruhe.

Wenn Amerika sich erlöste, hätte es die Chance zu nachpatriarchalischer Zukunft. Als Retter, Richter und Regler der Welt eignet sich ein Land nicht, das so schwer deformiert ist wie Amerika.

Das Anale birgt auch alle Möglichkeiten des Schöpferischen. In

Amerika entwickeln sich immer wieder Bewegungen, die versuchen, die Destruktivität zu überwinden. «Twin oaks», das ökologische Dorf – neue Lebensformen, die sich dem Menschenmiteinander und dem Umwelteinklang widmen. Frauenbewegung, Studentenbewegung, Homosexuellenbewegung, Bürgerrechtsbewegung, Männerbewegung, Anti-Atom-Bewegung. Das sind Erlösungsanzeichen, bisher nur Wetterleuchten.

Wenn es der amerikanischen Gesellschaft gelingt, sich selbst zu erlösen, hätte sie einen Beitrag zur Rettung der Menschheit erbracht, von der sie bisher nur geredet hat.

Durch Juden, Deutsche und Amerikaner hat die Welt drei Unannehmbarkeiten zugefügt bekommen: Verzichtsideologie, Endlösungspraxis und Sterilität.

Die drei Völker sind nur Paradiesvorläufer. Sie verdeutlichen etwas, was abgrundnahe sich bei allen Völkern ereignet. Der Sado-Masochismus ist weltübergreifendes Geschehen. Planen, errichten, erzwingen, nutznießen und gutheißen von Atomkraftwerken gehört nun zur schwebenden, täglich möglichen und schon geschehenen Fremd- und Selbstschädigung. Die Situation der Welt, in einer Minute kaputt gemacht werden zu können – alles ist dafür bereitgestellt –, ist sado-masochistisch. Die Erde abschaffen und aus ihr Wirtschaft machen zu wollen, die Verbindung unter den Menschen zu zerschneiden und Waffen voreinander aufzurichten, ist Endlösung des Patriarchats.

Vielleicht, wenn die Menschen es mehr und mehr wissen, daß Patriarchat ihnen nicht Erlösung, sondern Endlösung, kurz, das Ende bringt, finden sie zu sich, kommen mit ihren Füßen wieder auf den Boden und strecken die Hände zueinander aus.

Weihnachten

«Holder Knabe im lockigen Haar… Christ, der Retter ist da… Stille Nacht, heilige Nacht.» Weihnachten ist das Fest oral-analer Seligkeit. Krippe, Anbetung des Kindes, Erwartung des kommenden Lebens. – Stall, Mist, Tiere, Hirten, einfache, dreckige Menschen beieinander, denen sogar Könige huldigen.

Die Menschen erhoffen Rettung von einem Kind. Große Wonne, das Kind kommt alle Jahre wieder. Jesus darf immer wieder Kind werden, von den Menschen mit Erwartung und Zuwendung bedacht. So wie er, in soviel Bereitschaft hinein, möchte jeder geboren werden. Alle Menschen dürfen Weihnachten wieder Kinder werden, und alle beeltern einander, öffnen sich, wenden sich zu, streicheln sich und schenken einander Dinge.

Die Kinder sind erwachsen geworden, starren auf die Krippe. Wozu noch Weihnachten? Das ganze Jahr über Lust am Ende und einmal nur noch Wonne am Beginn? Wohin sollen die Menschen beten? Die Mutter hat sie rausgeworfen und abgelehnt. Der Vater hat sie verfolgt und irregeleitet. Und Sohn? Kann mutter- und vatergebundener Sohn denn jemals was retten?

Zu Weihnachten hofft es sich so gut. Alle Jahre wieder steigt die Hoffnung auf Neuwerden hoch. Wenn *das* wenigstens noch möglich wäre, ein neuer Anfang, den Anfang einer neuen Generation zu versuchen, Kindeskinder in die Welt zu setzen. Wohin? In den Atombunker?

Wenn es doch möglich wäre, von jetzt ab die Verhältnisse zu verändern, die Welt neu einzurichten. Aber die Menschen können den Nachgeborenen bald überhaupt keine Welt mehr übergeben. Früher waren nur die Verhältnisse böse. Jetzt sind auch die Dinge böse geworden, das letzte, an das sich die Menschen halten konnten.

Danksagung

Wir danken Marfa Berger, Jonatan Briel, Wieland Eschenhagen, Wolfgang Etterich, Hans Joachim Gelberg, Carola und Hans-Ulrich Göhler, Siegfried Henrichs, Günter Holm, Yara Jendryewski, Anne Rose Katz, Helmut Kentler, Helmut Klaue, Regine Lange, dem Montag-Club, Wolfgang Müller, Brigitte Pfützenreuter, Ulfa von den Steinen, Ellen Steiner, Hans-Günther Stolze, Avner Sundelson, Charlotte Tangerding, Jürgen Volbeding und Gina Walden, die sich mit unserer Arbeit beschäftigt und uns bei der Ideenfindung geholfen haben.

Alexej Mend und Volker Elis Pilgrim

Anmerkungen

1 Harlow, Harry F.: Love in Infant Monkeys, in: *Science American,* 1959, 201. Jahrgang.
2 Malson, Lucien: Die wilden Kinder, 1972 Frankfurt am Main.
3 Spitz, R. A.: Zum Problem des Autoerotismus, in: Kentler, Helmut: Texte zur Sozio-Sexualität, 1973 Opladen.
   Spitz, R. A.: Vom Säugling zum Kleinkind, 1972 Stuttgart.
4 Feuerbach, Anselm Ritter von: Kaspar Hauser oder Beispiel eines Verbrechens am Seelenleben des Menschen, in: Merkwürdige Verbrechen, 1963 München.
5 Freud, Sigmund: Drei Abhandlungen zur Sexualtheorie, Gesammelte Werke, Band 5, 1942 London.
6 Bateson, Gregory und andere: Schizophrenie und Familie, 1969 Frankfurt am Main.
7 Racamier, P. C.: Psychothérapie psychalythique des psychoses, in: La Psychanalyse d'aujourd'hui, P. U. F., 1956 Paris.
   Schiff, Jacqui Lee et al.: The Cathexis Reader, 1975 New York.
   Barnes, Graham und andere: Transaktionsanalyse seit Eric Berne, Band 1, zu erhalten bei: Institut für Kommunikationstherapie, Kundrystraße 1, D-1000 Berlin 41.
8 Freud, Sigmund: Beiträge zur Psychologie des Liebeslebens: Über die allgemeinste Erniedrigung des Liebeslebens, Gesammelte Werke, Band 8.
9 Rado, Sandor: Die psychischen Wirkungen der Rauschgifte – Versuch einer psychoanalytischen Theorie der Süchte, in: *Internationale Zeitschrift für Psychoanalyse,* 1926 Leipzig, Wien.
10 Freud, Sigmund: Drei Abhandlungen zur Sexualtheorie, Gesammelte Werke, Band 5.
11 Ammon, Günter: Das Borderline-Syndrom – ein neues Krankheitsbild, in: *Dynamische Psychiatrie, Internationale Zeitschrift für Psychiatrie und Psychoanalyse,* 1976 Berlin.
   Ammon, Günter: Psychotherapie der Psychosen, 1977 München.
12 Zorn, Fritz: Mars, 1977 München.
13 Schmidbauer, Wolfgang: Die hilflosen Helfer, 1977 Reinbek.

14 Eibl, Joseph Heinz / Senn, Walter (Hrsg.): Mozarts Bäsle-Briefe, 1978 München.

15 Jones, Ernest: Über analerotische Charakterzüge, in: Grunert, Johannes: Körperbild und Selbstverständnis, 1977 München.
Freud, Sigmund: Charakter und Analerotik, Gesammelte Werke, Band 7.

16 Freud, Sigmund: Jenseits des Lustprinzips, Gesammelte Werke, Band 13; Die endliche und unendliche Analyse, Band 16.

17 Andreas-Salomé, Lou: ‹Anal› und ‹Sexual›, in: Grunert, Johannes: Körperbild und Selbstverständnis, 1977 München.

18 Häsing / Stubenrauch / Ziehe: Narziß – ein neuer Sozialisationstypus?, 1979 Bensheim.

19 Miller, Alice: Das Drama des begabten Kindes, 1979 Frankfurt am Main.

20 Bettelheim, Bruno: Die Kinder der Zukunft, 1973 München.

21 Mead, Margaret: Jugend und Sexualität in primitiven Gesellschaften, 1971 München.

22 Neill, Alexander S.: Theorie und Praxis der antiautoritären Erziehung, 1969 Reinbek.

23 Pilgrim, Volker Elis: Dressur zum Bösen, 1986 Reinbek.

24 Freud, Sigmund: Das Ich und das Es, Gesammelte Werke, Band 12; Die ‹kulturelle› Sexualmoral und die moderne Nervosität, Band 7.

25 Freud, Sigmund: Jenseits des Lustprinzips, in: Gesammelte Werke, Band 13; Das Unbehagen in der Kultur, Band 14.

Auf der Suche…

Ulrich Kind (Hrsg.)
Unterm Strich
Gespräche mit Männern. 132 Seiten, Broschur. DM 16,80
ISBN 3-407-80802-X

»Wie gehen wir Männer mit uns selbst, mit unseren Gefühlen, mit unserer Zärtlichkeit um? Warum begreifen wir unsere Sexualität immer nur in bezug auf Frauen, was bedeutet eigentlich ›männliches Rollenverhalten‹, wie können wir Männer es lernen, im anderen den Freund oder Bruder zu sehen, statt, wie es üblich ist, den Kumpel, den Widersacher oder den Chef?«
Antwort auf diese Fragen wird in den vorliegenden neun Gesprächen gesucht, die der Psychologe und Liedermacher Ulrich Kind mit Männern seines Alters (zwischen 24 und 35 Jahren) geführt hat.

Reinhold Ziegler
»Es gibt hier nur zwei Richtungen, Mister«
Roman. 276 Seiten, Broschur. DM 24,80   ISBN 3-407-80663-9

Achim fliegt nach Amerika, beladen mit allen Klischeevorstellungen, mit der Musik von Simon und Garfunkel, mit Träumen von Unendlichkeit und Freiheit. Klar, daß er sich gleich einen riesigen alten Straßenkreuzer zulegt und ein gebrauchtes Saxophon und Kurs nimmt auf Kanada. Doch bald sehnt er sich nach einem Gesprächspartner. Der steht dann urplötzlich an der Straße und hält den Daumen raus: Sparky, 14, von zu Hause abgehauen, mit einem Monster-Seesack auf dem Weg nach Kalifornien.
Hans im Glück-Preis 1986

Leonie Ossowski
Wilhelm Meisters Abschied
Roman. 244 Seiten, Broschur. DM 17,80   ISBN 3-407-80639-6

Wilhelm Meister will nicht Meister werden. Er schmeißt die Lehre, haut von zu Hause ab und lernt eine Menge Leute kennen, die anders leben als seine Eltern oder seine bisherigen Freunde und Arbeitskollegen. Es sind Schauspieler, Jobber, Hausinstandbesetzer, Künstler und solche, die es werden wollen. Sie akzeptieren Wilhelm und nehmen ihn in ihren Kreis auf, ohne Bedingungen und Fragen zu stellen. Und Wilhelm macht mit. Die geregelte Welt seiner Kindheit war ruhig und überschaubar. Doch jetzt erwacht in ihm die Lust, sein Leben selbst zu meistern, und er entdeckt, daß er dabei nicht allein ist.

BELTZ

Postfach 11 20, 6940 Weinheim
Preisänderungen vorbehalten.

86023-18.12.-112